Etapas

Libro del alumno

Etapa 10
Tareas

Nivel B2.1

1.ª edición: 2011   2.ª impresión: 2013

© Editorial Edinumen, 2011.
© **Equipo Entinema:** Sonia Eusebio Hermira, Anabel de Dios Martín, Berta Sarralde Vizuete, Beatriz Coca del Bosque, Elena Herrero Sanz, Macarena Sagredo Jerónimo. Coordinación: Sonia Eusebio Hermira.
© **Autoras de este material:** Anabel de Dios Martín, Sonia Eusebio Hermira y Berta Sarralde Vizuete.

Coordinación editorial:
Mar Menéndez

Diseño de cubierta:
Carlos Casado

ISBN: 978-84-9848-349-9

Diseño y maquetación:
Carlos Casado, Josefa Fernández
y Juanjo López

Ilustraciones:
Carlos Casado y Carlos Yllana

Dep. Legal: M-189-2013

Fotografías:
Archivo Edinumen

Impresión:
Gráficas Glodami. Coslada
(Madrid)

Editorial Edinumen
José Celestino Mutis, 4.
28028 Madrid
Teléfono: 91 308 51 42
Fax: 91 319 93 09
e-mail: edinumen@edinumen.es
www.edinumen.es

Instituto Cervantes

Este método se adecua a los fines del *Plan Curricular* del Instituto Cervantes
La marca del Instituto Cervantes y su logotipo son propiedad exclusiva del Instituto Cervantes

Índice de contenidos

Introducción

Etapas es un curso de español cuya característica principal es su distribución **modular** y **flexible**. Basándose en un enfoque orientado a la acción, las unidades didácticas se organizan en torno a un objetivo o tema que dota de contexto a las tareas que en cada una de ellas se proponen.

Los contenidos de **Etapas** están organizados para implementarse en un curso de 20 a 40 horas lectivas según el número de actividades opcionales, actividades extras y material complementario que se desee utilizar en el aula.

Extensión digital de **Etapa 10**: consulta nuestra **ELEteca**, en la que puedes encontrar, con descarga gratuita, materiales que complementan este curso.

La Extensión digital **para el alumno** contiene los siguientes materiales:

- Prácticas interactivas
- Claves y transcripciones del libro de ejercicios
- Resumen lingüístico-gramatical

La Extensión digital para el **profesor** contiene los siguientes materiales:

- Libro digital del profesor: introducción, guía del profesor, claves, fichas fotocopiables, transparencias...
- Fichas de cultura hispanoamericana
- Resumen lingüístico-gramatical

Recursos del alumno:

Código de acceso

98483499

www.edinumen.es/eleteca

Recursos del profesor:

Código de acceso

Localiza el código de acceso en el
Libro del profesor

Unidad 1 — Y tú, ¿cómo aprendes?

Contenidos funcionales:
- Expresar deseos.
- Expresar sentimientos.
- Narrar experiencias lingüísticas y malentendidos socioculturales.

Contenidos lingüísticos:
- Usos del presente de subjuntivo (repaso).
- Pasados (repaso).
- *Me gustaría/preferiría...*
- El imperfecto de subjuntivo.
- Verbos y expresiones de sentimiento.

Contenidos léxicos:
- Léxico relacionado con el aprendizaje de lenguas.

Contenidos culturales:
- Desarrollo de la conciencia intercultural.

Tareas:
- Presentarse a los compañeros.
- Determinar las características generales de la clase.
- Escribir la biografía lingüística.
- Redactar un informe con aspectos socioculturales.
- Elaborar un documento para tomar conciencia de las creencias y de la experiencia y nivel de aprendizaje.

Unidad 2 — Y tú, ¿cómo duermes?

Contenidos funcionales:
- Hablar de posición: *bocarriba/bocabajo...*
- Expresar cómo dormimos.
- Hablar de la personalidad.
- Mostrar escepticismo, certeza y evidencia.
- Narrar sueños.
- Describir un cuadro.

Contenidos lingüísticos:
- Conectores del discurso.
- Imperfecto de indicativo.
- Cuantificadores: *la mitad de, el doble...*
- El voseo.

Contenidos léxicos:
- Posturas al dormir.
- Expresiones coloquiales de España e Hispanoamérica.

Contenidos culturales:
- El surrealismo pictórico: Dalí y Miró.
- Mario Benedetti.
- Calderón de la Barca, Borges y Cernuda.

Tareas:
- Narrar e interpretar sueños.
- Recitar poemas.
- Describir cuadros de pintores surrealistas.
- Presentar a la clase un autor surrealista de su país.
- Elaborar un cuadro surrealista sobre los sueños de la clase.

Índice de contenidos

2
[dos]

Unidad 3 — Y tú, ¿cómo te diviertes? — 30

Contenidos funcionales:
- Hablar del ocio y tiempo libre. Proponer y sugerir.
- Preguntar por planes e intenciones. Aceptar y rechazar planes.
- Describir personas, lugares, objetos.
- Identificar personas.
- Pedir confirmación.
- Corregir y cuestionar información.
- Enfatizar información.
- Expresar lo que se recuerda o no de algo.

Contenidos lingüísticos:
- Exponentes para proponer, sugerir planes, aceptarlos y rechazarlos.
- *Qué tienes pensado/previsto…*
- *Qué tienes en mente…*
- *Estoy pensado en…*
- Oraciones relativas con antecedente elidido.
- Oraciones relativas con indicativo y subjuntivo (presente e imperfecto).
- Oraciones relativas con preposición.
- Exponentes para pedir, corregir, cuestionar y enfatizar información.

Contenidos léxicos:
- Ocio y tiempo libre.
- Descripción del físico y de la personalidad.

Contenidos culturales:
- El concepto de ocio en la sociedad actual.
- Tipos de ocio.
- Mario Vargas Llosa.
- Barrios de Madrid.

Tareas:
- Discutir sobre el concepto de ocio y tiempo libre.
- Conocer las actividades preferidas de los compañeros de clase.
- Completar la página de una revista de ocio con propuestas y sugerencias para el tiempo libre.
- Elaborar las preguntas-pruebas para un juego de mesa.

Unidad 4 — Y tú, ¿cómo vives? — 43

Contenidos funcionales:
- Expresar sensaciones físicas y estados de ánimo.
- Hacer advertencias.
- Aconsejar.

Contenidos lingüísticos:
- Verbos y expresiones para expresar sensaciones físicas y estados de ánimo.
- *Como + subjuntivo*
- *Te advierto/recuerdo/aviso…*
- *¡Ojo/cuidado con…!*
- *Que sea la última vez que…*
- *Lo mejor sería que + imperfecto de subjuntivo.*

Contenidos léxicos:
- Partes del cuerpo.
- Expresiones con partes del cuerpo.
- Enfermedades.
- Alimentos.

Contenidos culturales:
- Principales enfermedades en España y México.
- La medicina alternativa.

Tareas:
- Elaborar un cartel informando de las enfermedades más comunes en sus países.
- Elegir las mejores advertencias para evitar un problema de salud.
- Redactar un texto argumentativo sobre medicina alternativa.

Descripción de los iconos

 → Actividad de interacción oral.

 → Actividad de reflexión lingüística.

→ Actividad de producción escrita.

 → Comprensión auditiva. El número indica el número de pista.

 → Comprensión lectora.

 → Actividad opcional.

Índice de contenidos

Unidad 1

Y tú, ¿cómo aprendes?

Tareas:
- Presentarse a los compañeros.
- Determinar las características generales de la clase.
- Escribir la biografía lingüística.
- Redactar un informe con aspectos socioculturales.
- Elaborar un documento para tomar conciencia de las creencias y de la experiencia y nivel de aprendizaje.

Contenidos funcionales:
- Expresar deseos.
- Expresar sentimientos.
- Narrar experiencias lingüísticas y malentendidos socioculturales.

Contenidos lingüísticos:
- Usos del presente de subjuntivo (repaso).
- Pasados (repaso).
- *Me gustaría/preferiría...*
- El imperfecto de subjuntivo.
- Verbos y expresiones de sentimiento.

Contenidos léxicos:
- Léxico relacionado con el aprendizaje de lenguas.

Contenidos culturales:
- Desarrollo de la conciencia intercultural.

1 Conocerse

1.1.  Mira las imágenes que te muestra tu profesor e intenta adivinar qué significan para él.

1.1.1. Vamos a presentarnos a nuestros compañeros. Piensa en la información que quieres darles y represéntala con dibujos. Después, en parejas intentad averiguar los significados.

1.1.2. Presenta a tu compañero a la clase. Toma nota de lo que dicen tus compañeros.

1.2. ¿Qué sabes de estos personajes? ¿Crees que tienes algo en común con alguno de ellos? ¿A quién crees que te pareces más? Coméntalo con tu compañero.

- Este es Garfield, es un gato que...

1.2.1. Vamos a comprobar a qué personaje te pareces; para ello responde a este test eligiendo la opción con la que te sientas más identificado. ¡Solo puedes elegir una!

1. Para empezar, vamos a soñar un poco.

[a] Espero que la gente sea más solidaria en el futuro.
[b] Quiero tener una semana entera para dormir.
[c] Espero no meterme en más líos con mis amigos.
[d] Deseo que mi jefe se fije en mí y me ascienda.
[e] Espero llegar a ser un escritor o un músico famoso.

2. ¿Con cuál de estas opiniones te identificas más?

[a] Me parece magnífico que la gente cuide la naturaleza.
[b] Me parece terrible que existan los lunes.
[c] Creo que a veces soy demasiado optimista.
[d] Es estupendo que la tecnología nos ayude a vivir más cómodamente.
[e] Me parece bien que los jóvenes se preparen para tener una profesión.

3. En mi tiempo libre:

[a] me gusta tocar un instrumento.
[b] me da rabia no tener la casa para mí solo y ver una peli en el sofá.
[c] me entusiasma experimentar con la cocina.
[d] me pone nervioso no tener tiempo para ir a jugar a los bolos con mis amigos.
[e] me encanta que me inviten a practicar algún deporte.

4. ¿Pensamos en el futuro? Cuando me jubile:

[a] daré conferencias en los colegios.
[b] pasaré muchas horas descansando.
[c] pienso poner un restaurante cerca de la playa.
[d] tengo la intención de viajar con mi pareja.
[e] visitaré todos los parques de atracciones.

5. Me da igual:

[a] no hacer ejercicio físico.
[b] que las patatas fritas engorden.
[c] dejar todo lo que estoy haciendo para ayudar a cualquier amigo.
[d] que mis compañeros piensen que miento cuando digo que estoy enfermo y no voy a trabajar.
[e] saber que mis sueños nunca se cumplirán.

Continúa

6. En la vida hay muchas cosas extrañas…

[a] Me cuesta creer que los vegetarianos sigan siendo minoría.

[b] Me sorprende que la gente se levante antes de las ocho los fines de semana.

[c] Me extraña que mis amigos no me feliciten el día de mi cumpleaños.

[d] Me sorprende que no haya nadie en mi casa cuando llego.

[e] Me llama la atención que la gente no sueñe de vez en cuando.

7. Hoy es el cumpleaños de un amigo, lo llamo sobre todo para:

[a] que sepa lo buena persona que soy.

[b] que me invite a una buena comida.

[c] demostrarle mi amistad.

[d] saber si va a celebrarlo.

[e] que me diga dónde va a ser la fiesta.

8. Si me toca la lotería:

[a] puede que done el dinero a una ONG.

[b] probablemente compre una gran casa y contrate personal de servicio.

[c] a lo mejor hago una gran fiesta con la gente a la que quiero.

[d] quizá cree mi propia empresa para no ver más a mi jefe.

[e] es probable que haga el viaje con el que llevo soñando años.

9. Mi pareja ideal es una persona que:

[a] sea inteligente y esté comprometida con la sociedad.

[b] tenga un atractivo físico espectacular.

[c] se emocione cuando ve una película y que sea buena y generosa.

[d] disfrute de la vida con cosas sencillas.

[e] sea divertida y juerguista.

1.2.2. El profesor os va a dar los resultados del test. Suma tus puntos teniendo en cuenta cuánto vale cada respuesta.

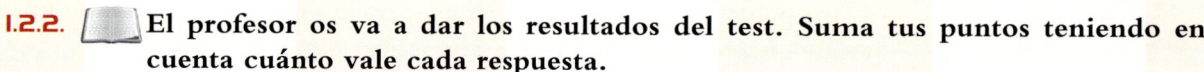

a = 1 punto ■ b = 2 puntos ■ c = 3 puntos ■ d = 4 puntos ■ e = 5 puntos

1.2.3. Compara con un compañero los resultados que te han salido en el test y dile si estás de acuerdo o no. Argumenta tu opinión.

– A mí me ha salido que soy como Bob Esponja y puede ser, pero no estoy de acuerdo en que…

1.2.4. Cuenta a la clase lo más interesante que has averiguado de tu compañero. Escuchad para tomar nota de cosas que tenéis en común como grupo.

– Donatella dice que es un poco como Bob Esponja, pero no se parece a él en que…

I.2.5. [R] Observa las frases del test de 1.2.1., ¿qué tienen en común? Vamos a recordar cuándo se usa el subjuntivo. En parejas, completad este cuadro.

►► El subjuntivo

USOS	ESTRUCTURA O EXPLICACIÓN
■ Expresar (1)	– *Quiero* – *Espero*] a) + infinitivo (los dos verbos tienen el mismo sujeto). – *Deseo*] b) + *que* + subjuntivo (los verbos tienen sujetos diferentes). Ej. ....
■ Expresar opinión	*Creo que* + (2) .... – *No creo...* – *Me parece bien/terrible/magnífico...*] + *que* + (3) .... – *Es asombroso/fantástico...* Ej. ....
■ Expresar (4) .... y	– *Me gusta*] a) + infinitivo (los dos verbos se refieren a la misma persona). – *Me encanta* – *Me entusiasma*] b) + *que* + subjuntivo – *Me* (5) .... *rabia/pena/vergüenza...*] (los verbos se refieren a personas diferentes). – *Me* (6) .... *nervioso/triste...* Ej. ....
■ Frases temporales referidas al futuro	– (7) .... – *En cuanto*] + subjuntivo ➡ futuro Ej. ....
■ Mostrar indiferencia	– (8) ....] a) + (9) .... – *Me da lo mismo*] (los dos verbos se refieren a la misma persona). – *No me importa*] b) + *que* + (10) ....] (los verbos se refieren a personas diferentes). Ej. ....
■ Expresar sorpresa, extrañeza o incredulidad	– (11) .... – (12) ....] + *que* + subjuntivo – (13) .... – *Me llama la atención...* Ej. ....
■ Expresar la (14)	– *Para* + (15) .... – *Para que* + (16) .... Ej. ....
■ Expresar probabilidad	– *A lo mejor* + (17) .... – *Puede (ser)* – *Es probable*] + (18) .... + ... – *Probablemente* – *Quizá*] + (19) .... / indicativo Ej. ....
■ Oraciones relativas	*sustantivo* + *que* + *verbo*] a) en (20) ....] (cuando el antecedente es conocido).] b) en (21) ....] (cuando el antecedente no es conocido). Ej. ....

1.3. ¿Qué características se repiten en varios miembros de la clase? Explica a tus compañeros las notas que has tomado hasta el momento.

> Yo he notado que varios de nosotros tenemos relación con el turismo.

> Sí, es verdad, y veo que la mayoría somos como Snoopy, un poco soñadores.

1.3.1. Recoged en una cartulina las ideas más importantes para ponerla en el corcho del aula. Antes de empezar a escribir, pensad en un título.

2 Aprender (mi actitud ante el aprendizaje)

2.1. ¿Sabes qué es una biografía lingüística? Para contestar a esta pregunta, lee el texto de Amy y complétalo con las frases que te va a dar tu profesor.

Soy hija de madre china y padre estadounidense. Yo nací en Estados Unidos, así es que para mí (1).. El (2)..., lo hablo solo con mi madre. Nunca aprendí a escribirlo y ahora, cuando pienso en ello, me arrepiento. Quizás algún día me atreva a intentarlo.

Empecé a estudiar (3).................................... en la prepa[1]. Y fue por casualidad... Tenía que escoger una lengua extranjera para estudiar durante los cuatro años siguientes. Las dos opciones eran español o francés.

El año anterior a la prepa había estudiado (4).. Me pareció que era el idioma más romántico que había escuchado nunca. Me enamoré de frases en francés tan simples como *Gracias* o *Por favor*... Pensé que no había nada más sofisticado y elegante que un *Merci*.

Pero, de repente, no sé en qué momento, se impuso la razón y pensé que el (5)... ....—según estimaciones del censo estadounidense, más de 34 millones de personas en los Estados Unidos (6)...—. Estaba claro que el español sería mucho más útil para mí.

Estudié, pues, (7)... y ahora llevo a cabo mi aprendizaje leyendo noticias, cuentos e incluso alguna que otra novela..., visitando los foros, viendo películas en español, charlando con mis amigos hispanos y escuchando las canciones (y persiguiendo las novedades) de mis cantantes favoritos.

Amy (Florida)

[1]**Prepa:** coloquialismo que usan los jóvenes mexicanos para referirse a la Preparatoria (los dos años anteriores a la universidad).

2.1.1. Compara tu respuesta con tu compañero. ¿Sabes ya qué es una biografía lingüística? Habla con la clase.

2.2. La biografía es la experiencia de aprendizaje de lenguas. En esta unidad te proponemos escribir la tuya. Por eso, vamos a repasar los pasados. Lee el texto de Anki y elige la opción correcta.

Yo (1) **había estudiado/he estudiado** español en el liceo, hace veinte años, pero se me (2) **olvidó/olvidaba** todo y además, apenas (3) **podía/he podido** decir nada. No (4) **estudiábamos/estudiamos** español para aprender, sino para aprobar. Hace un año (5) **he vuelto/volvía** a estudiarlo para impresionar a mi novio, que es argentino; por eso me gusta decir que realmente (6) **ha sido/era** el destino el que me (7) **ha llevado/llevaba** a aprender español. Aunque a veces me pregunto si vale la pena, porque me corrige a menudo y eso me desmotiva un poco.

Hablo cuatro lenguas: holandés (que es mi lengua materna), inglés, francés y alemán, que (8) **aprendí/aprendía** en la escuela, en primaria. En Holanda empezamos a estudiar otras lenguas desde muy pequeños, a partir de los 10 años, así es que su aprendizaje es tan natural que la experiencia no me sirve ahora de adulta: no soy capaz de recordar cómo las (9) **aprendí/había aprendido**.

Ahora estudio español por mi cuenta, prefiero ir a mi ritmo. Para mí, es muy importante estudiar la gramática y no solamente la conversación; es por esta razón que el año pasado (10) **compré/compraba** un libro de gramática, dos libros de ejercicios y un manual de conversación. Pero también paso mucho tiempo escuchando grabaciones que descargo de la red —sobre todo *podcast*—; la página que más me gusta es http://radio.un.org/es/. También *EuroNews* tiene un sitio web donde se pueden escuchar noticias publicadas en español, aunque las trascripciones me parece que no son siempre completamente fieles. El enlace es el siguiente: http://es.euronews.net/servicios/nocomment-tv/.

Trabajo en la ciudad pero vivo en un pueblo. Por eso, tardo bastante en llegar al trabajo —casi tres horas al día sentada en un tren— entonces, aprovecho el tiempo para estudiar español y usar los recursos anteriores.

Anki (Holanda)

2.2.1. Vuelve a leer el texto y comenta con tus compañeros las siguientes cuestiones.

[1] *Había estudiado* (pretérito pluscuamperfecto) es un pasado anterior a otro. ¿A qué hecho pasado del texto hace referencia?

[2] Las siguientes opciones son todas correctas. ¿Qué diferencia de matiz puede haber entre ellas? ¿Por qué en el texto se prefiere la que está en negrita?

    a. Yo había estudiado español en el liceo, hace veinte años, pero se me **olvidó**/ha olvidado todo.

    b. Hace un año **he vuelto**/volví a estudiarlo.

    c. No soy capaz de recordar cómo las **aprendí**/he aprendido.

2.2.2. Anki tiene cubiertos tres aspectos importantes para el aprendizaje de una lengua: motivación, tiempo y medios para estudiar. Vuelve a leer el texto y completa.

- Motivación: ....
- Tiempo: ....
- Medios: ....

2.3. Estas son las razones más votadas para aprender español. Vota las tuyas y escribe un comentario, como los de Amy.

1. La gente

Amy: Creo que los hispanohablantes son de las personas más cariñosas, animadas, y divertidas del planeta.

Tú: ....
....

2. La música

Amy: Estoy convencida de que los latinos tienen un talento especial para el ritmo.

Tú: ....
....

3. La literatura

Amy: He empezado a leer más literatura en español y me gustaría continuar leyendo a autores como Octavio Paz, Mario Vargas Llosa, Miguel Delibes...

Tú: ....
....

4. La comida

Amy: ¡Es para chuparse los dedos!

Tú: ....
....

2.3.1. Cuenta a tu compañero lo que has escrito en 2.3. ¿Coincidís en algo?

2.4. ¿Qué piensas sobre las lenguas y su aprendizaje? Lee el test y marca tu respuesta, según el siguiente baremo.

1. Muy de acuerdo ■ 2. De acuerdo ■ 3. No lo tengo claro ■ 4. Poco de acuerdo ■ 5. En desacuerdo

	1	2	3	4	5

1. Me gustaría que, en todos los países, todos los carteles, letreros, avisos, cartas de los restaurantes, etc. estuvieran en inglés, que es la lengua que más gente comprende. »»» □ »» □ »» □ »» □ »» □

2. Aunque no los entienda, me gusta leer y pronunciar los rótulos y los avisos en otras lenguas. »» □ »» □ »» □ »» □ »» □

3. En cuanto pueda, me gustaría estudiar otro idioma. Creo que aprender una nueva lengua te permite ver el mundo de otra manera. »»»»»»»»»»»»»»»»»»»»»»»»» □ »» □ »» □ »» □ »» □

4. Es una lata que en cada país haya una lengua diferente. Preferiría que todos habláramos la misma lengua, así no habría tantos problemas. »»»»»»»»»»»»» □ »» □ »» □ »» □ »» □

5. Preferiría que no hubiera tantos acentos de la misma lengua. Me gustaría que existiera una regla única. »»» □ »» □ »» □ »» □ »» □

6. Me encantan los acentos distintos. Además, ¡me parece tan exótico poder escuchar tu lengua con otro acento! »» □ »» □ »» □ »» □ »» □

7. No vale la pena aprender una lengua que hablan pocas personas. »»»»»»»»» □ »» □ »» □ »» □ »» □

8. Ojalá pudiéramos aprender muchas lenguas de pequeños. Creo que los idiomas solo se aprenden bien cuando se estudian de niño. »»»»»»»»»»»»»»»»»»»»»»» □ »» □ »» □ »» □ »» □

9. Para aprender lenguas, o se tiene un don especial o no hay nada que hacer. »»»»»»»» □ »» □ »» □ »» □ »» □

10. Para aprender bien una lengua, se tiene que ir al país donde se habla. Me gustaría poder vivir una temporada en esos países. »»»»»»»»»»»»»»»»»»»»»»»»»»» □ »» □ »» □ »» □ »» □

11. Hablar la lengua de otra gente me permite comprender mejor su cultura (literatura, cine, tradiciones, etc.). Ojalá tenga la oportunidad de conocer muchas. »»»»»»» □ »» □ »» □ »» □ »» □

12. Me gusta oír cómo hablan los extranjeros entre sí, aunque no los entienda. »»»»»»»» □ »» □ »» □ »» □ »» □

13. Al hablar una lengua lo más importante es respetar las reglas de gramática, por eso me parece tan difícil aprender bien otro idioma. Me gustaría ser capaz de hablar correctamente cualquier lengua que aprenda. »»»»»»»»»»»»»»»»»»»»»»»»»»» □ »» □ »» □ »» □ »» □

14. Me gustaría que la gente no diera tanta importancia a la gramática. Preferiría que se prestara más atención a la comunicación. »»»»»»»»»»»»»»»»»»»»»»»»»»»»»»»»» □ »» □ »» □ »» □ »» □

2.4.1. Compara tus respuestas con las de tus compañeros.

2.4.2. Lee de nuevo las frases anteriores y completa el cuadro.

> **Expresar deseos**

1. Busca frases similares a los ejemplos.

A. + imperfecto de subjuntivo	**B. + infinitivo**
a. Me gustaría que los carteles estuvieran en inglés.	**a.** Me gustaría estudiar otro idioma.
b.	**b.** ....
c.	**c.** ....
d. Me gustaría que existiera una regla única.	
e.	
f. Preferiría que se prestara más atención a la comunicación.	

Continúa ▶

Continúa ▶

2. Explica con tus palabras cuándo usamos, en los ejemplos anteriores, subjuntivo y cuándo infinitivo.

....
....
....
....

3. Busca ejemplos que sigan esta regla y marca la opción correcta.

Ojalá + imperfecto de subjuntivo	*Ojalá* + presente de subjuntivo
1.. .	2.. .
Expresa: a) optimismo b) pesimismo	Expresa: a) optimismo b) pesimismo

2.4.3. Para saber cómo se forma el imperfecto de subjuntivo, sigue las instrucciones de tu profesor.

2.4.4. Fíjate en la actividad que acabas de hacer y completa el cuadro.

▶ Pretérito imperfecto de subjuntivo

Se forma a partir de la tercera persona del plural del pretérito indefinido: *comieron*. Se sustituye la terminación *–ron* (*comieron*) por las siguientes terminaciones:

Pretérito indefinido (*ellos*)		Terminaciones verbos -ar, -er, -ir
hablar~~on~~ comier~~on~~ salier~~on~~	(Yo)	– .... / – se
	(Tú)	– ras / – ....
	(Él/ella/usted)	– .... / – se
	(Nosotros/nosotras)	– ramos / – ....
	(Vosotros/vosotras)	– .... / - seis
	(Ellos/ellas/ustedes)	– .... / -sen

Por ejemplo:

Pretérito indefinido	Imperfecto de subjuntivo
1. hablar (ellos) *hablaron*	(yo) *hablara/se*
2. hacer (ellos)	(ella) ....
3. salir (ellos)	(vosotros) ....
4. venir (ellos)	(tú) ....
5. tener (ellos)	(ellos) ....
6. estar (ellos)	(nosotros) ....

Observa que los verbos irregulares en pretérito indefinido también lo son en imperfecto de subjuntivo.

2.5. Escucha la biografía lingüística de este chico y toma nota de la ideas más importantes para completar este esquema.

Unidad I

¿Qué lenguas habla?	¿Por qué y/o dónde las aprendió?
1. Japonés	Es su lengua materna.
2.	Es una lengua obligatoria en la escuela.
3. Español	
4.	En la universidad. Le parece una lengua muy atractiva.
5. Tai	En la universidad. Porque le gustan las lenguas con un alfabeto distinto. Además tenía planes de viajar allí.
6.	
7. Portugués	En la universidad. Se enamoró del país y de la lengua.
8.	

¿Qué piensa sobre el aprendizaje de lenguas?

- ....
- ....
- ....
- ....
- ....

2.6. Redacta tu biografía lingüística para incluir en el documento final. Para ayudarte, fíjate en los ejemplos que has leído y escuchado y sigue este esquema.

[a] **¿Qué lenguas hablas?**
[b] **¿Cómo las aprendiste?**
[c] **¿Qué piensas sobre aprender lenguas? ¿Cuáles son tus sentimientos, gustos, deseos, etc.?**

3 A mí me pasó lo mismo

3.1. Hemos recibido un curioso *e-mail* que habla de experiencias que muchos compartimos. Léelo y completa los espacios en blanco con las palabras que se ofrecen en el cuadro.

empujar ■ *sugus* ■ temprano ■ borrar ■ parada ■ lo encuentra ■ un montón
disimulo ■ cadenas ■ a la velocidad del rayo

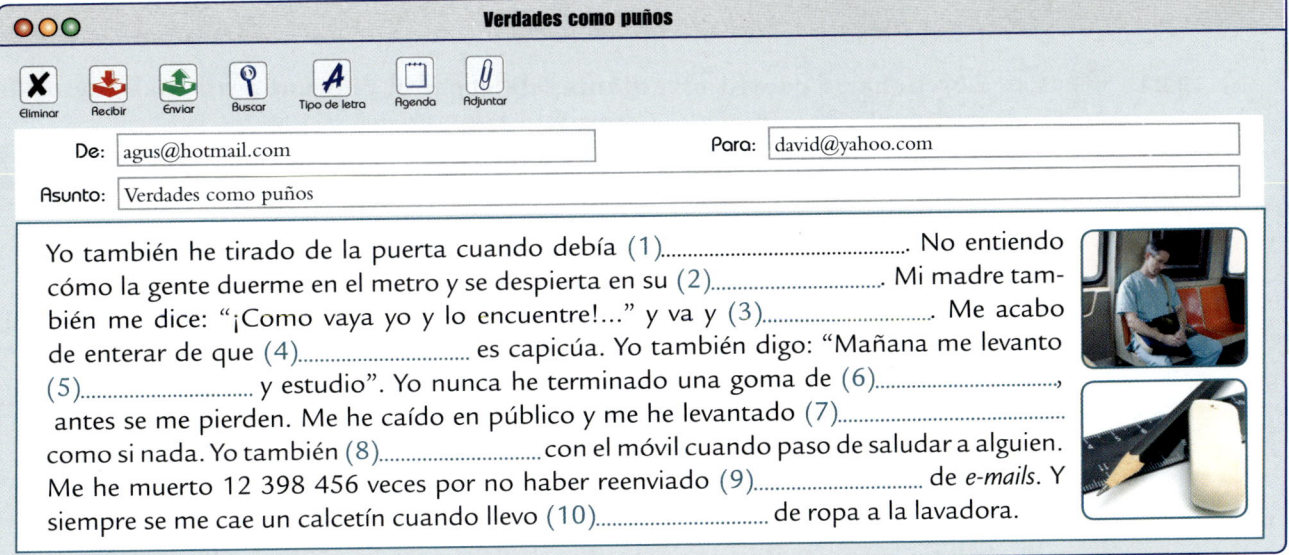

Verdades como puños

X Eliminar | Recibir | Enviar | Buscar | A Tipo de letra | Agenda | Adjuntar

De: agus@hotmail.com   Para: david@yahoo.com

Asunto: Verdades como puños

Yo también he tirado de la puerta cuando debía (1)... No entiendo cómo la gente duerme en el metro y se despierta en su (2)............................. Mi madre también me dice: "¡Como vaya yo y lo encuentre!..." y va y (3).............................. Me acabo de enterar de que (4)............................. es capicúa. Yo también digo: "Mañana me levanto (5)............................. y estudio". Yo nunca he terminado una goma de (6).............................., antes se me pierden. Me he caído en público y me he levantado (7)............................. como si nada. Yo también (8)............................. con el móvil cuando paso de saludar a alguien. Me he muerto 12 398 456 veces por no haber reenviado (9)............................. de e-mails. Y siempre se me cae un calcetín cuando llevo (10)............................. de ropa a la lavadora.

3.1.1. Comenta con tus compañeros qué cosas de las anteriores te pasan en la vida y cuáles no: ¿coincidís en algo? o, por el contrario, ¿es muy diferente en tu país?

3.1.2. Elige dos situaciones y escribe una frase explicando algo que habitualmente te sucede cuando estás en ellas.

> En un avión: A mí también me pasa que mientras la azafata explica las normas de seguridad simulo estar leyendo y sin embargo, estoy mirándola de reojo.

3.1.3. Poneos de pie y hablad entre todos para averiguar si habéis tenido las mismas experiencias en dichas situaciones.

Fíjate:
- A mí también me pasa que...
- ¿A ti también te pasa que...?

3.2. El conocimiento de la sociedad y la cultura de las comunidades donde se habla español es un aspecto que cobra mucha relevancia en las clases debido a los problemas que puede causar su incomprensión. Tu profesor te va a dar un texto que habla de ello: relaciona cada frase resumen con el número de párrafo al que hace referencia.

a. Nuestros "errores interculturales" nos ayudan a comprender aspectos de la otra cultura y son, por lo tanto, positivos.

b. La inconsciencia de la diferencia intercultural puede generar conflictos de difícil resolución.

c. Habitualmente observamos la otra cultura con los parámetros de la nuestra.

d. En todo proceso de interacción cultural debemos fomentar la capacidad de explicar el significado de nuestros actos.

e. El desarrollo de la competencia intercultural debe formar parte de nuestro proceso de aprendizaje de otra lengua.

3.2.1. Vas a escuchar a cuatro estudiantes de español contando un malentendido sociocultural que vivieron. Completa las columnas 1 y 2.

	Nombre y nacionalidad	¿Qué pasó?	¿Cómo se interpretó?	Explicación del malentendido	¿Cómo se podría haber evitado?
[1]					
[2]					
[3]					
[4]					

3.2.2. Habla con tu compañero e intentad completar el resto de las columnas. Después, comentadlo con la clase.

3.2.3. Vuelve a escuchar la audición y completa los espacios con algunas fórmulas que oigas.

Verbos y expresiones de sentimiento

1. Expresión que usamos para decir que alguien estaba cansado/a de una situación:
− ....

2. Cuatro expresiones que explican que una persona no se encuentra bien en una situación:
− ....
− ....
− ....
− ....

3. Frase con la que iniciamos el relato de un recuerdo:
− ....

4. Expresión que muestra que alguien está harto/a de algo:
− ....

5. Fórmula que expresa alivio tras una situación negativa superada:
− ....

6. Sentir vergüenza:
− ....
− ....

7. Insistir a alguien para que haga las cosas más rápido:
− ....

3.2.4. Vamos a analizar algunos comportamientos socioculturales. Imagina que estás en España y te encuentras en las siguientes situaciones: ¿qué harías? Escribe tus respuestas.

[1] Tienes que llamar a las 22.00h a casa de una familia española con niños, ¿lo haces sin problema?

[2] Una señora mayor interrumpe tu lectura en el autobús para preguntarte por tu nacionalidad, ¿cómo te sientes?

[3] La chica de la panadería a la que has ido tres veces te pregunta por asuntos de tu vida: casa, familia, trabajo...

[4] Tu vecina da un beso a tu niño cuando te encuentras con ella en la escalera, ¿te gusta?

[5] Es el día de Santa Ana y tu compañera de trabajo se llama así, ¿le llevas un regalo?

[6] El cartero te pide si puede dejar un paquete para tu vecino que no está en ese momento en casa.

[7] Es domingo por la tarde y dos compañeros de tu oficina llaman al timbre de tu casa para visitarte un rato porque estaban de paso por la zona donde vives.

[8] Estás en una tienda de ropa, te gusta mucho una camisa pero te parece un poco cara, ¿intentas obtener mejor precio?

[9] En casa de los padres de tu amigo español su niño empieza a cantar en la mesa, ¡tú conoces la canción!, ¿te animas a cantar con él?

[10] Te estás probando un vestido y la dependienta te sugiere que te queda mejor el de flores, ¿qué piensas?

Etapa IO. Nivel B2.I

3.2.5.  Comenta con tus compañeros las respuestas que habéis dado y buscad puntos en común: ¿cómo reaccionarían ellos en tales situaciones?

▶ Pues yo, a las diez de la noche, no sé si **llamaría** a una casa con niños, la verdad, me parece muy tarde y puede que todos estén ya durmiendo.

▶ ¡No, hombre!.. Yo sí lo **haría**...

> ### Recuerda: Expresar hipótesis
> El tiempo verbal que usamos para expresar hipótesis sobre un hecho presente o futuro es el condicional.

3.2.6. Haz una revisión de todo lo que acabas de compartir sobre los comportamientos socio-culturales, coméntalo con tu compañero y toma notas de lo que más te ha llamado la atención.

3.2.7. En grupo, escribid un informe con las conclusiones que habéis sacado. Escribid también ejemplos que muestren distintos comportamientos según la cultura y la nacionalidad.

3.2.8. Podéis elaborar un póster entre toda la clase con la información de vuestros informes y hacer recomendaciones a alguien que vaya a visitar otro país para ayudarle a evitar malentendidos socioculturales.

4 Tarea final

4.1. Vamos a elaborar un escrito con nuestras conclusiones sobre los siguientes temas. Dividid la clase en dos grupos y discutid vuestras opiniones. Después redactad el texto a modo de conclusiones.

[1] ¿De qué manera puede influir en el aprendizaje ser consciente de nuestra biografía lingüística?

[2] ¿Qué actitudes benefician el aprendizaje y cuáles pueden entorpecerlo?

4.2. Poned en común las ideas de vuestros textos y discutid las diferencias y las semejanzas.

Unidad 2

Y tú, ¿cómo duermes?

Tareas:
- Narrar e interpretar sueños.
- Recitar poemas.
- Describir cuadros de pintores surrealistas.
- Presentar a la clase un autor surrealista de su país.
- Elaborar un cuadro surrealista sobre los sueños de la clase.

Contenidos funcionales:
- Hablar de posición: *bocarriba/bocabajo...*
- Expresar cómo dormimos.
- Hablar de la personalidad.
- Mostrar escepticismo, certeza y evidencia.
- Narrar sueños.
- Describir un cuadro.

Contenidos lingüísticos:
- Conectores del discurso.
- Imperfecto de indicativo.
- Cuantificadores: *la mitad de, el doble...*
- El voseo.

Contenidos léxicos:
- Posturas al dormir.
- Expresiones coloquiales de España e Hispanoamérica.

Contenidos culturales:
- El surrealismo pictórico: Dalí y Miró.
- Mario Benedetti.
- Calderón de la Barca, Borges y Cernuda.

I La vida es sueño

1.1. **La literatura de todos los tiempos está plagada de imágenes que mezclan sueños y realidad. Te presentamos tres poemas escritos por grandes autores hispanos que hablan de todo ello. El problema es que dos versos de uno se han colado en otro: con la ayuda de tu compañero, intenta colocar cada par de versos en su poema original.**

Poema n.° 1:

¿Qué es la vida? Un frenesí.
¿Qué es la vida? Una ilusión,
una sombra, una ficción,
y el mayor bien es pequeño;
de tu sueño. Si diera
un paso mas, caería

Fragmento de *La vida es sueño* de
Pedro Calderón de la Barca.

Poema n.° 2:

Aquí
en esta orilla blanca
del lecho donde duermes
estoy al borde mismo
¿Por qué es tan triste madrugar? La hora
nos despoja de un don inconcebible,
en sus ondas, rompiéndolo
como un cristal. Me sube
el calor de tu sueño
hasta el rostro. Tu hálito
te mide la andadura
del soñar: va despacio.
Un soplo alterno, leve
me entrega ese tesoro
exactamente: el ritmo
de tu vivir soñando.

Fragmento de *Aquí en esta orilla blanca* de
Pedro Salinas.

Poema n.° 3:

Si el sueño fuera (como dicen) una
tregua, un puro reposo de la mente,
¿por qué, si te despiertan bruscamente,
sientes que te han robado una fortuna?
que toda la vida es sueño,
y los sueños, sueños son.
tan íntimo que solo es traducible
en un sopor que la vigilia dora
de sueños, que bien pueden ser reflejos
truncos de los tesoros de la sombra,
de un orbe intemporal que no se nombra
y que el día deforma en sus espejos.
¿Quién serás esta noche en el oscuro
sueño, del otro lado de su muro?

El sueño de Jorge Luis Borges.

1.1.1. 🔊 [3] Escucha los poemas y corrige lo anterior. Fíjate en la entonación.

1.1.2. ➕ Dividid la clase en grupos y elegid uno de los poemas. Leedlo despacio cuidando la entonación y recitadlo al resto de la clase.

1.2. 🗨️ Soñamos, dormimos, y usamos numerosas expresiones coloquiales y refranes para hablar de ello. Dividid la clase en tres grupos: cada uno tendrá una lista con dichas expresiones. Con la información que os va a dar vuestro profesor, averiguad su significado.

Grupo A	Grupo B	Grupo C
☐ [1] Quedarse frito/a.	☐ [1] Dormir como un tronco.	☐ [1] Quedarse sobado/a.
☐ [2] Dormir la mona.	☐ [2] Quedarse sopa.	☐ [2] Pasarse la noche en blanco.
☐ [3] Estar toda la noche en vela.	☐ [3] No pegar ojo en toda la noche.	☐ [3] Aplatanarse.
☐ [4] Echar(se) una cabezada.	☐ [4] Dormir del tirón.	☐ [4] *El que se levanta tarde, ni oye misa, ni come carne.*
☐ [5] *Al que madruga, Dios le ayuda.*	☐ [5] *Cría buena fama y échate a dormir.*	☐ [5] Dormir como un lirón.
☐ [6] Cumplir un sueño.	☐ [6] Tener un sueño espantoso /horrible.	☐ [6] Estar agotado/a.

1.2.1. 📇 En grupos, explicad el significado de las expresiones que habéis aprendido y juntos, completad el siguiente cuadro.

Léxico relacionado con *dormir*

EXPRESIONES Y REFRANES: DORMIR

1. DORMIR BIEN
- Dormir como
  - un ....
  - un ....
  - un/a ......bendito/a......
- Dormir ....

2. DORMIR MAL
- Estar ....
- No ....
- ....

3. DORMIRSE RÁPIDAMENTE
- Quedarse
  - ....
  - ....
  - ....
  - ......dormido/a......

4. ECHAR(SE)
- Echar(se)
  - una ......siesta......
  - una ....
- Echarse un rato

5. REFRANES
- ....
- ....
- ....

6. OTROS
- ......Dormir la borrachera/......
- ....
- ....
- ....
- ....

1.2.2. [R] El léxico y las expresiones coloquiales cambian frecuentemente en otros países de habla hispana. Con tu compañero, intenta relacionar cada una de estas expresiones relacionadas con el sueño, que se usan allí, con su significado.

> **Léxico relacionado con *dormir* en Hispanoamérica**
>
> ① Dormir como yuca. (Puerto Rico) •
>
> ② Dormirse de ese lado. (Panamá) •
>
> ③ Echarse una pestañada. (México, República Dominicana, Colombia, Bolivia) •
>
> ④ Echarse la yegua. (Chile) •
>
> ⑤ Dormir como piedra en pozo. (México) •
>
> ⑥ Aplatanarse. (Cuba, República Dominicana) •
>
> ⑦ Ser el sueño del pibe. (Chile, Argentina) •
>
> ⑧ Dormir a pata ancha. (Cuba, Argentina) •
>
> • ⓐ Relajarse después de una actividad intensa o agotadora.
>
> • ⓑ Dormir profundamente.
>
> • ⓒ Acriollarse, adoptar un extranjero los usos del país en el que se instala.
>
> • ⓓ Dormir por un breve periodo de tiempo.
>
> • ⓔ Proyecto que se considera imposible de realizar.
>
> • ⓕ Hacerse alguien ilusiones.

1.2.3. Piensa cómo se dicen algunas de estas expresiones en tu idioma y escribe su traducción literal. Luego, coméntalo con tus compañeros.

1. ....

2. ....

3. ....

1.3. [BLA] Mira las fotos e intenta describir las posturas de las personas que duermen. El siguiente vocabulario te puede ayudar: léelo y pregunta a tu profesor lo que no entiendas.

- bocabajo
- agarrado/a a la almohada y encogido/a
- posición fetal
- bocarriba
- con muchas almohadas
- de lado con los brazos pegados al cuerpo
- la estrella de mar
- el faraón o soldado

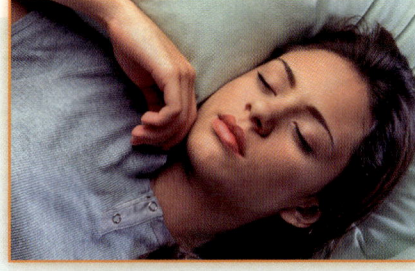

1.3.1. Vamos a practicar el léxico anterior: piensa en una de las posturas, haz mímica y el resto de la clase tiene que definirla o decir su nombre.

1.4. [4] Se dice que la posición en la que dormimos es un reflejo de nuestra personalidad. Escucha esta audición donde se asocia carácter y postura al dormir. Toma notas.

1. Bocabajo: ....
....

2. Agarrado/a a la almohada y encogido/a: ....
....

3. Posición fetal: ....
....

4. Bocarriba: ....
....

5. Con muchas almohadas: ....
....

6. El faraón o soldado: ....
....

7. De lado con los brazos pegados al cuerpo: ....
....

8. La estrella de mar: ....
....

1.4.1. Compara las notas que has tomado con tu compañero.

1.4.2. Lee la transcripción que te dará tu profesor y completa la información: ¿estás de acuerdo con lo que se dice?

1.5. Descubre si la siguiente información sobre los compañeros de la clase es verdadera o falsa. Tu profesor te dirá cómo.

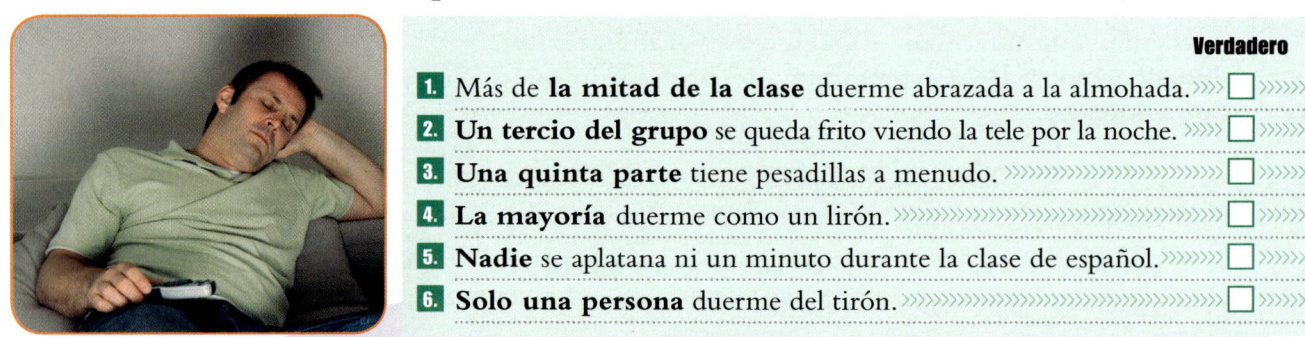

		Verdadero	Falso
1.	Más de **la mitad de la clase** duerme abrazada a la almohada.	☐	☐
2.	**Un tercio del grupo** se queda frito viendo la tele por la noche.	☐	☐
3.	**Una quinta parte** tiene pesadillas a menudo.	☐	☐
4.	**La mayoría** duerme como un lirón.	☐	☐
5.	**Nadie** se aplatana ni un minuto durante la clase de español.	☐	☐
6.	**Solo una persona** duerme del tirón.	☐	☐

1.5.1. **R** Fíjate en los cuantificadores resaltados en negrita y ordénalos en la línea siguiente.

> **Cuantificadores**

① ② ③ ④ ⑤ ⑥ ⑦

100%　　　　　　　　50%　　　　　　　　0%

[1] Todo el mundo ....

[2] ....　[4] ....　[6] ....

[3] ....　[5] ....　[7] ....

1.5.2. Vamos a practicar todo lo anterior. Haced un círculo. Un estudiante se pone en medio y dice por ejemplo: *Que se ponga de pie quien duerma como un lirón habitualmente.* El primero en levantarse será quien dé la orden siguiente.

1.5.3. Escribid un breve informe con los resultados obtenidos en la actividad anterior sobre las posturas y forma de dormir de los miembros de la clase.

– Solo Yumiko y Doris duermen boca abajo, por lo tanto solo un tercio de la clase...

2 Y los sueños, sueños son

2.1. Vas a leer un texto de Mario Benedetti que habla de los sueños recurrentes del autor. Completa los espacios en blanco con las palabras que faltan según tu opinión para saber de qué tratan esos sueños.

CONCILIAR EL SUEÑO

Lo que ocurre, doctor, es que, en mi caso, los sueños vienen por ciclos temáticos. **Inicialmente** hubo una época en la que soñaba con (1)................................. **De pronto** los ríos se desbordaban y anegaban los campos, las calles, las casas y hasta mi propia cama. Fíjense que en mis sueños aprendía a nadar y gracias a eso sobreviví a las catástrofes naturales. Lamentablemente, esa habilidad tuvo una vigencia solo onírica, ya que **un tiempo después** pretendí ejercerla, totalmente despierto, en la piscina de un hotel y estuve a punto de ahogarme.

Luego vino un periodo en que soñé con (2)................................. Más bien, con uno solo, porque siempre era el mismo. La azafata era feúcha y me trataba mal. A todos les daba champán, menos a mí. Le pregunté por qué y ella me miró con un rencor largamente prolongado y me contestó: "Vos sabés bien por qué". Me sorprendió tanto aquel tuteo que casi me despierto. **Además**, no imaginaba a qué podía referirse. En esa duda estaba **cuando** el avión cayó en un pozo de aire y la azafata feúcha se desparramó en el pasillo, de tal manera que la minifalda se le subió y pude comprobar que abajo no llevaba nada. Fue precisamente ahí cuando me desperté, y, para mi sorpresa, no estaba en mi cama de siempre sino en un avión, fila 7 asiento D, y una azafata con rostro de Gioconda me ofrecía en inglés básico una copa de champán. Como ve, doctor, a veces los sueños son mejores que la realidad y también viceversa. ¿Recuerda lo que dijo Kant? "El sueño es un arte poético involuntario".

Posteriormente soñé con (3)................................. (4)................................. que eran míos. Yo que soy soltero y no los tengo ni siquiera naturales. Con el mundo como está. Me parece un acto irresponsable concebir nuevos seres. ¿Usted tiene hijos? ¿Cinco? *Excuse me.* A veces digo cada pavada... Los niños de mis sueños eran bastante pequeños. Algunos gateaban y otros se pasaban la vida en el baño. Al parecer, eran huérfanos de madre, ya que ella jamás aparecía y los niños no habían aprendido a decir "mamá". En realidad, tampoco me decían "papá", sino que en su media lengua me decían "turco". Tan luego a mí, que vengo de abuelos coruñeses y bisabuelos lucenses. "Turco, vení", "Turco, quero la papa", "Turco, me hice pipí"... Ya era demasiado, **así que, al rato**, desperté de apuro a mi realidad sin angelitos.

Mario Benedetti, fragmento de *Buzón de tiempo* (2006)

2.1.1. **R** Fíjate en los tiempos verbales del texto: aparece un nuevo uso del pretérito imperfecto. Busca ejemplos y completa el cuadro.

> ### Valor onírico del imperfecto de indicativo
>
> ■ Lo usamos para expresar acontecimientos irreales que tienen lugar en los sueños:
>   – ....
>   – ....
>
> ■ Este uso está próximo al **valor lúdico** también del imperfecto, el utilizado por los niños en los juegos al asumir roles imaginarios:
>   – *Yo era el policía y tú eras el ladrón.*

2.1.2. El texto de Benedetti continúa hablando de sueños sobre fútbol y cine. Escribe, con ayuda de tu compañero, una versión del mismo que incluya su final.

En un ciclo posterior de **fútbol** soñado, siempre...
....
....
....

En los últimos tiempos mis aventuras nocturnas han sido invadidas por **el cine**...
....
....
....

2.1.3. Lee el final del texto de Benedetti que te dará tu profesor y compáralo con tu versión: ¿alguien de la clase se ha aproximado al escrito original?

2.2. **R** Fíjate en los conectores usados en el texto para unir ideas y dar mayor coherencia al mismo que aparecen en negrita y completa el cuadro.

> ### Conectores del discurso
>
> 1. Para ordenar cronológicamente una historia. ▶ Ej. Inicialmente, ...
>   ....
> 2. Para enlazar ideas similares o añadir una nueva idea. ▶ Ej. ....
> 3. Para expresar un impulso inesperado, un movimiento súbito o no previsto. ▶ Ej. ....
> 4. Para indicar un ejemplo, resumen o conclusión. ▶ Ej. ....
> 5. Para expresar el motivo por el que sucede la acción principal. ▶ Ej. ....

2.3. **[R]** Uno de los rasgos más característicos del habla rioplatense, también vigente en la mayor parte de Hispanoamérica, es el *voseo*: uso del *vos* en lugar del *tú*. Busca en el texto anterior algunos ejemplos de este fenómeno así como variantes léxicas de la zona.

▶ Rasgos del español del Cono Sur: el voseo

Hay diferentes maneras de "vosear", de acuerdo con la zona y la clase social del hablante. Hemos de distinguir entre el **voseo pronominal**, que es el uso del pronombre *vos*, y el **voseo verbal**, que es el uso del paradigma verbal del voseo. Algunos hablantes usan tanto el voseo verbal como el voseo pronominal, como es el caso en casi toda Argentina, Paraguay y Bolivia: *vos hacés, vos vivís, vos amás*. Otros usan el voseo verbal pero no el voseo pronominal, como es el caso de la mayoría de los hablantes en Chile y en Uruguay: *tú hacés, tú vivís, tú amás*. También existe el voseo pronominal sin el voseo verbal, como en zonas de Argentina: *vos haces, vos vives, vos amas*.

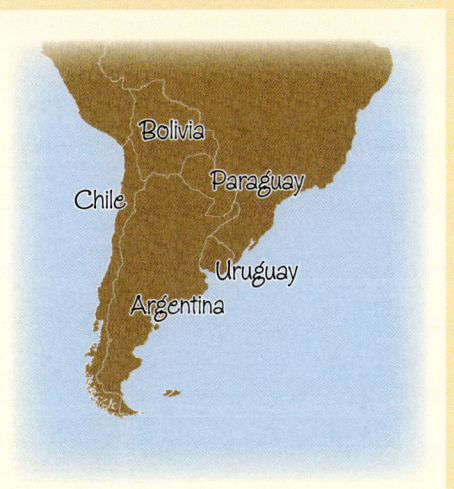

a. Ejemplos de voseo del texto: ....

b. Variantes léxicas del texto: ....

2.3.1. **[+]** Vamos a jugar al tres en raya. Tu profesor te dará las instrucciones.

Decí (vos)	**Amá** (vos)	**Vos hacés**	**Vos vivís**
Vos amás	**Vos tocás**	**Vos hablás**	**Vos bailás**
Comé (vos)	**Hacé** (vos)	**Vos bebés**	**Poné** (vos)
Vos escribís	**Viví** (vos)	**Vos decís**	**Hablá** (vos)

2.4. **[BLA]** Y tú: ¿recuerdas tus sueños? Habla con tu compañero y cuéntale el último sueño que has tenido y que recuerdes. Puedes, también, inventarlo.

Pues el otro día tuve un sueño rarísimo... Resulta que estaba en...

¡Uf, qué extraño! ¿Y qué hacías?

2.5. La escritura automática fue un método usado por los surrealistas para hacer aflorar el subconsciente en el acto creativo: consiste en empezar a escribir mecánicamente dejando fluir los pensamientos libres de toda represión. Vamos a practicarla: sigue las instrucciones de tu profesor y escribe rápidamente y sin pensar demasiado.

De repente, estaba en un bosque...

2.5.1. Las teorías de Sigmund Freud explican cómo lo subconsciente aflora a la conciencia en los sueños: recordar fragmentos de estos nos ayudan a destapar las emociones y recuerdos enterrados. Formad cuatro grupos, leed la interpretación de algunos sueños que os dará vuestro profesor y comentadlo.

- A mí me parece que lo que quiere decir es que cuando sueñas con...
- Vale, sí, es posible, pero lo que yo interpreto es que...

2.5.2. En grupos vais a analizar las historias que habéis escrito siguiendo la información de los textos. Cada uno redactará la interpretación correspondiente a su sueño: ¿estás de acuerdo con el análisis que se ha hecho?

2.6. Te presentamos otros temas recurrentes en el mundo de los sueños. Habla con tu compañero y comenta si alguna vez has soñado con alguno de ellos.

Soñar con...

famosos ■ exámenes ■ la muerte ■ una caída
perderse ■ barcos ■ aeropuertos

2.6.1. ¿Quieres saber su significado? Pregunta al resto de tus compañeros cómo se interpretan estos sueños.

- ¿Alguien sabe qué significa soñar con exámenes?, es que yo muchas veces he soñado con esto.
- Pues sí, mira...

Unidad 2

3 El mundo del sueño y el surrealismo

3.1. Son muchas las teorías científicas que hablan de los procesos mentales que activamos mientras dormimos y que entran a formar parte de nuestro mundo onírico. Decide junto a tu compañero si la siguiente información es verdadera (V) o falsa (F) y completa la columna de la izquierda.

Antes de leer y escuchar			Después de leer y escuchar	
V	F		V	F
☐ »»»» ☐		**1.** Los científicos pueden implantar sueños en nuestro cerebro.	☐ »»»» ☐	
☐ »»»» ☐		**2.** Dos personas pueden decidir encontrarse en un sueño.	☐ »»»» ☐	
☐ »»»» ☐		**3.** No es la genética la que influye en la forma en que dormimos sino los hábitos adquiridos.	☐ »»»» ☐	
☐ »»»» ☐		**4.** Todo el mundo se despierta ante un ruido fuerte.	☐ »»»» ☐	
☐ »»»» ☐		**5.** Dormido consumes tanta energía como durante la vigilia.	☐ »»»» ☐	
☐ »»»» ☐		**6.** Mientras duermes es imposible sentir frío o dolor.	☐ »»»» ☐	
☐ »»»» ☐		**7.** Se crece mientras se duerme.	☐ »»»» ☐	
☐ »»»» ☐		**8.** Se puede soñar lo que quieras.	☐ »»»» ☐	

3.1.1. Lee el siguiente texto donde encontrarás algunas de las respuestas anteriores y completa la columna de la derecha.

¿Es posible implantar un sueño en otras personas?

¿En qué sueña Morfeo? Puede que muy pronto lo sepamos.

Estamos muy cerca de espiar sueños ajenos y compartir los propios. Así lo confirman los siguientes descubrimientos. Deirdre Barret, psicóloga de la Universidad de Harvard, utilizó la técnica de "incubación de sueños" para que sus estudiantes resolvieran un enigma mientras dormían. Primero les hizo crear una imagen mental del problema y les pidió que fuera lo último que vieran antes de dormir. Luego les recomendó no saltar de la cama al levantarse, para recuperar lo soñado, ya que una distracción lo elimina. Barret descubrió que un 25% de los estudiantes encontró la solución al problema mientras dormía. Pero hay otros modos de influir en el sueño ajeno. Por ejemplo, "estimular su cuerpo rociándolo con agua", sugiere Mark Balgrove, psicólogo de la Universidad de Swansea y experto en sueños y estados de consciencia: "Así, la sensación física se incorporará al sueño". Y añade: "También es posible hacerlo antes de que se duerma, sugiriéndole qué soñar. Funciona si es algo que a la persona le interese. Si dos personas creen que se pueden encontrar en sueños, podrían provocar un encuentro onírico".

¿ Por qué no te despiertan los ruidos fuertes ?

Nuestra mente construye los sueños, y los genes la forma en que dormimos. "Al igual que cada uno tiene su huella dactilar", nos asegura Pin Arboledas, director de la Unidad del Sueño del Hospital de Valencia, "todos tenemos unas características de sueño. Es un claro ejemplo de realidad biopsicosocial, en el que tanto la genética como los hábitos adquiridos en los primeros años de vida nos condicionan". Para Julio Fernández Mendoza, investigador del Centro de Investigación y Tratamiento del Sueño de la Universidad de Pensilvania "la causa depende de cuánto se vean afectados por agentes externos los centros cerebrales que regulan el sueño. Un estudio reciente ha demostrado que las diferencias de las ondas cerebrales durante ciertas fases del sueño explican por qué algunas personas se despiertan con los ruidos externos y otras no".

En "Los secretos de los sueños" Revista *Quo*, n.º 181

3.1.2.  [5] **Escucha una tertulia radiofónica donde se da respuesta al resto de las cuestiones y termina de completar la columna de la derecha de la actividad 3.1. Luego, comenta con el resto de la clase la información que más te ha sorprendido.**

– ¿Quéee? ¿Qué alguien no es capaz de despertarse con un ruido fuerte? ¡Qué cosa tan rara!
– Pues, sí, me parece alucinante, ¡yo que me despierto con el vuelo de una mosca!

Fíjate:

• **Expresar sorpresa y extrañeza**
  – ¡Quéeeeee! (importancia de la entonación)
  – ¡Qué cosa tan rara!
  – ¡Anda!, pero, ¿qué dices/n?
  – No me lo esperaba/imaginaba (para nada).
  – ¡Es alucinante! (coloquial)

• **Mostrar escepticismo**
  – ¡Ya! (importancia de la entonación)
  – ¡Si tú lo dices!
    (importancia de la entonación)

3.1.3. **Lee las siguientes situaciones y reacciona expresando sorpresa, extrañeza o escepticismo. Piensa que puede haber más de una fórmula correcta.**

1. ¿Sabes que a Mario le han tocado 300 000 euros en la lotería?

2. Antonio dijo que venía segurísimo a las 8h y ya son las 9.20h.

3. Y nada, estábamos tan tranquilos y va y me dice que está harto y que se va de casa. Es que…

4. Pues yo creo que esta situación económica va a cambiar y que el próximo año todo va a ir mucho mejor.

Unidad 2

3.2. En Internet hemos encontrado la siguiente lista de hechos que sorprende que siempre ocurran en las películas. Léela y contesta a las siguientes preguntas.

[1] ¿Qué significan las palabras resaltadas? Habla con tu compañero.

[2] ¿Recuerdas alguna película en la que ocurría esto? Habla con tus compañeros.

- Todas las bolsas de la compra del supermercado deben contener como mínimo una barra de pan que **sobresalga** un poco.
- Es fácil pilotar un avión y aterrizar con él, siempre que haya alguien en la torre de control que pueda **supervisar** la operación por radio.
- Una vez aplicada la barra de labios es imposible que **se corra el color** aunque hagas submarinismo.
- Los sistemas de ventilación de los edificios son el **escondite** ideal; a nadie se le ocurrirá mirar en ellos y sirven además para desplazarse hasta cualquier parte del edificio sin dificultad.
- La torre Eiffel se puede **divisar** desde cualquier ventana de París.
- Un hombre no **se inmuta** mientras recibe una paliza de campeonato pero se queja cuando una mujer intenta limpiarle las heridas.
- En el caso de las casas encantadas o con fantasmas las mujeres deben investigar cualquier ruido raro, vestidas únicamente con algo de **lencería**.
- Los procesadores de textos nunca tienen **cursor**, pero siempre se abren con una pantalla que dice *Introduzca la contraseña*.

- Todas las mañanas las madres siempre cocinan huevos, **tocino** y tostadas para la familia aunque luego su marido y sus hijos no tengan tiempo para comérselos.
- Un solo **fósforo** sirve para iluminar una habitación del tamaño de un estadio de fútbol.
- Los habitantes de ciudades y pueblos **medievales** tienen una dentadura perfecta.
- Las bombas van equipadas con temporizadores que tienen pantallas con grandes números rojos para que uno sepa cuándo van a **estallar**.
- Siempre es posible **estacionar** delante del edificio al que se va de visita.
- Un detective solo resuelve un caso cuando ha sido **destituido** o despedido.
- Las comisarías de policía se supone que **someten** a sus agentes a exámenes de personalidad, y luego resulta que tienen como compañero de **patrulla** a otro que es justamente lo opuesto a él.

3.2.1. ¿Hay otros hechos que ocurren en las películas que te parezcan curiosas o sorprendentes?

3.3. El surrealismo es un movimiento artístico que intenta plasmar por medio de formas abstractas o simbólicas las imágenes de la realidad más profunda del ser humano, el subconsciente y el mundo de los sueños. En parejas, vais a descubrir más información sobre este movimiento.

Alumno A pregunta a alumno B

[1] ¿En qué año y dónde empieza el surrealismo?

[2] ¿Quién escribió el *Manifiesto Surrealista*?

[3] ¿En qué famoso psicoanalista se basó?

[4] Di cinco temas recurrentes de este movimiento.

Alumno B pregunta a alumno A

[1] ¿Qué pintor español del siglo XVIII fue un precedente del surrealismo?

[2] ¿Qué pintor italiano del siglo XX fue el verdadero precursor de este movimiento?

[3] ¿Qué pintor español representa el surrealismo abstracto?

[4] ¿Y quién el surrealismo figurativo?

3.3.1. En efecto, Dalí y Miró son dos de los grandes representantes del surrealismo pictórico en España. Observa estos cuadros: dos de ellos son obra de dichos autores, ¿puedes identificarlos?

1

El carnaval del arlequín, 1924

2

Morfología Psicológica (1938)

3

Creación de las aves, 1957

4

La Madonna de Port Lligat (1950)

3.3.2. [6] Escucha una audición que nos habla de la obra de Joan Miró y fíjate en cómo se describe *El carnaval del arlequín*. Completa los espacios en blanco e intenta, después, identificar todos sus elementos en el cuadro que te mostrará tu profesor.

Descripción del cuadro *El carnaval del arlequín* de Joan Miró

Un autómata que toca (1)_____ junto con un arlequín con grandes (2)_____, son los personajes principales de la composición pictórica, donde se aprecia también todo un mundo de detalles dominados por la imaginación que se esparcen por toda la pintura, como un pájaro con alas (3)_____ saliendo de un huevo, un par de gatos jugando con (4)_____ de lana, peces (5)_____, un insecto que sale de un (6)_____, una escalera con una gran (7)_____, y en la parte superior derecha se ve, a través de una ventana, una forma cónica con la que quiso representar (8)_____. Compuso Miró un pequeño texto poético en 1938 sobre este cuadro: "En la madeja de hilo deshecha por los gatos vestidos de arlequines ahumados retorciéndose y apuñalando mis entrañas...".

3.3.3. Lee ahora parte de la descripción del cuadro de Dalí, *La madonna de Port Lligat* que tu profesor te va a dar. Identifica los elementos descritos en el cuadro y coméntaselo a tus compañeros para poder comprender mejor esta obra entre todos.

3.3.4. Piensa en pintores importantes de tu país de corte surrealista. Elige una obra significativa de uno de ellos, busca información en Internet y preséntala a la clase. Completa el cuadro con la información de tus compañeros.

País	Autor	Época	Título de la obra	Elementos destacados

4 Tarea final

4.1. Formad grupos de tres estudiantes. Recordad todo lo visto en la unidad y tomad notas de ello.

Nombre compañero	Postura favorita para dormir	Expresión que refleja cómo duerme	Sueños recurrentes	Otros

4.2. Dibujad un cuadro surrealista que simbolice la información recogida del grupo y pensad en su título.

4.2.1. Cada grupo va a presentar y explicar su cuadro al resto de la clase. Preguntad todo lo que queráis saber del mismo.

– Oye, y ese chico del fondo con los ojos muy abiertos, ¿quién es?

Unidad 3

Y tú, ¿cómo te diviertes?

Tareas:
- Discutir sobre el concepto de ocio y tiempo libre.
- Conocer las actividades preferidas de los compañeros de clase.
- Completar la página de una revista de ocio con propuestas y sugerencias para el tiempo libre.
- Elaborar las preguntas-pruebas para un juego de mesa.

Contenidos funcionales:
- Hablar del ocio y tiempo libre. Proponer y sugerir.
- Preguntar por planes e intenciones. Aceptar y rechazar planes.
- Describir personas, lugares, objetos.
- Identificar personas.
- Pedir confirmación.
- Corregir y cuestionar información.
- Enfatizar información.
- Expresar lo que se recuerda o no de algo.

Contenidos lingüísticos:
- Exponentes para proponer, sugerir planes, aceptarlos y rechazarlos.
- *Qué tienes pensado/previsto...*
- *Qué tienes en mente...*
- *Estoy pensado en...*
- Oraciones relativas con antecedente elidido.
- Oraciones relativas con indicativo y subjuntivo (presente e imperfecto).
- Oraciones relativas con preposición.
- Exponentes para pedir, corregir, cuestionar y enfatizar información.

Contenidos léxicos:
- Ocio y tiempo libre.
- Descripción del físico y de la personalidad.

Contenidos culturales:
- El concepto de ocio en la sociedad actual.
- Tipos de ocio.
- Mario Vargas Llosa.
- Barrios de Madrid.

---

1 Ocio y tiempo libre

1.1. Mira las siguientes imágenes, ¿qué tienen en común? Relaciónalas con el grupo de palabras correspondientes.

- **a.** ver los fuegos artificiales, hacer pirotecnia
- **b.** repartir las cartas, jugar a las cartas
- **c.** montar en la montaña rusa, ir al parque de atracciones
- **d.** hacer gimnasia, hacer pesas
- **e.** disfrazarse, hacer una fiesta de disfraces
- **f.** acampar, ir de camping, hacer una acampada
- **g.** montar en los coches de choque, ir a la feria, ir a las atracciones

1.1.1. ¿Conoces el significado de las siguientes palabras? Pregunta a tus compañeros y sigue las instrucciones de tu profesor. Después relaciónalas con las imágenes correspondientes de la actividad anterior. Escribe el número de la imagen en el espacio.

girar ☐   esquivar ☐   cortar ☐   la traca ☐

estallar ☐
montar/desmontar ☐
la tienda de campaña
calentar ☐
la máscara ☐

la peluca ☐
sentir vértigo ☐
estirar ☐
soltar adrenalina ☐

☐ golpear   ☐ entrenar   ☐ los petardos   ☐ barajar

1.2. ¿Qué significa, para ti, la palabra ocio? Lee las siguientes definiciones: ¿crees que dicen lo mismo?

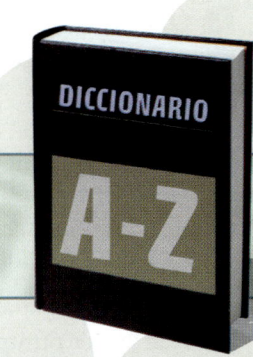

DICCIONARIO A-Z

- Tiempo libre, fuera de las obligaciones y ocupaciones habituales.
- Cesación del trabajo, inacción.

1.2.1. Mira el siguiente gráfico, interprétalo con tu compañero y responde a la pregunta anterior.

ACTIVIDADES HUMANAS

TRABAJO

TIEMPO LIBRE
· Necesidades
· Obligaciones
· Desplazamientos

Tiempo de ocio

* Distribución del tiempo según Gete-Alonso (1987).

1.2.2. Según el gráfico anterior, ¿cuánto tiempo dedicas al trabajo y cuánto al tiempo libre? ¿Cuánto tiempo de ocio tienes en realidad?

Pues yo trabajo ocho horas al día y duermo aproximadamente siete, así es que tendría nueve horas de tiempo libre...

1.2.3. 📖 **¿Quieres saber cuántas horas de tu tiempo libre dedicas realmente al ocio? Lee las siguientes actividades y marca las que haces según pienses que para ti son una necesidad, una obligación o un placer.**

		Necesidades	Obligaciones	Placer (ocio)
1.	Alternar con los compañeros del trabajo.	☐	☐	☐
2.	Sacar al perro.	☐	☐	☐
3.	Hacer alguna tarea de la casa (planchar, hacer la comida, barrer, fregar, hacer la colada, fregar los cacharros, etc.).	☐	☐	☐
4.	Ver algún espectáculo o asistir a algún evento (teatro, danza, conciertos, museos, exposiciones, partidos, charlas, conferencias, etc.).	☐	☐	☐
5.	Practicar algún deporte (hacer natación, hacer gimnasia rítmica, hacer yudo, hacer karate, jugar al fútbol/al baloncesto/al voleibol/ al golf/a los bolos/al tenis, hacer equitación/esquí/vela, etc.).	☐	☐	☐
6.	Ir a ver a algún familiar.	☐	☐	☐
7.	Tumbarse en el sofá y escuchar música.	☐	☐	☐
8.	Quedar con amigos que hace mucho tiempo que no ves.	☐	☐	☐
9.	Charlar con los vecinos.	☐	☐	☐
10.	Ir a la compra.	☐	☐	☐
11.	Estar apuntado a alguna actividad (teatro, clases de cocina, manualidades, bailes de salón, taller de escritura, etc.).	☐	☐	☐
12.	Llevar a los niños a alguna actividad (fútbol, clases de idiomas, ballet, taller de pintura, etc.).	☐	☐	☐
13.	Practicar alguna afición (hacer bricolaje, tocar algún instrumento, leer, hacer punto, etc.).	☐	☐	☐
14.	Arreglar cosas de la casa (enchufes, muebles, cacharros, etc.).	☐	☐	☐
15.	Coser.	☐	☐	☐

1.2.4. 🗣 **Compara tus respuestas con las de tu compañero. ¿Hay algo que te sorprenda? Mira el ejemplo.**

► ¿Es verdad que para ti visitar a la familia es una obligación? Para mí, sí es una diversión.
► Bueno, no es que no me guste ir, claro, pero es que, la verdad, con el poco tiempo que tengo, preferiría poder hacer otras cosas.
► ¿En serio? O sea que lo que quieres decir es que tú cumples con la familia.

Fíjate:

• Pedir confirmación	_ ¿(No) Es verdad que...? _ ¿(No) Es cierto que...? _ ¿Quieres decir que...?
• Corregir información	_ ¿No es eso exactamente, es que... _ *No es que no* + presente de subjuntivo (*quiera/me guste/sepa...*) + (*lo que pasa*) + *es que...* **Observa** que siempre damos una pequeña explicación: *es que...*
• Cuestionar información	_ ¿En serio? _ ¿De verdad? _ ¿Cómo puedes pensar/decir eso? **Cuidado:** para cuestionar información tienes que tener un alto nivel de relación y confianza con tu interlocutor.
• Enfatizar	_ Con el poco tiempo que tengo... _ Con lo poco que me gustan... _ Con lo duro que es...

1.3. 🔊 **Escucha a estas personas hacer planes y marca en la tabla si la actividad que proponen es una necesidad, una obligación o una actividad de ocio.**

	Necesidad	Obligaciones	Placer (ocio)
1. Dos compañeros charlan en la pausa del café.	☐	☐	☐
2. Dos amigas que han quedado para comer.	☐	☐	☐
3. Un matrimonio el jueves por la noche.	☐	☐	☐
4. Un grupo de jóvenes que planea el fin de semana.	☐	☐	☐
5. Unos amigos que comparten piso.	☐	☐	☐

1.3.1. 🔊 **Vuelve a escuchar y contesta a las siguientes preguntas.**

¿Quién crees que...	Diálogo n.º	Lo sabemos porque lo expresa con...
[1] no tiene un plan definitivo?	....	....
[2] no piensa que su propuesta vaya a ser aceptada?	....	....
[3] acepta la propuesta con condiciones?	....	....

1.3.2. 📇 **Mira la transcripción que te va a dar tu profesor y completa el siguiente cuadro.**

▶ **Preguntar, proponer y sugerir planes**

■ Preguntar por los planes de otro:
1. ¿Qué tienes pensado...?
2. ¿Tienes en mente algo...?
3. ....

■ Expresar que un plan no es definitivo:
1. .... /Tenía pensado...
2. Quería...

■ Proponer:
1. ¿Y si + imperfecto de subjuntivo?
2. ¿Y si + ... de indicativo?
3. ¿Te/Os apetecería que + ...?
4. ¿Te/Os apetece que + ...?
5. Estoy pensando en...

■ Aceptar con condiciones:
Vale,
1. siempre que + ...
2. con la condición de que + presente de subjuntivo

■ Rechazar:
Recuerda que en español es importante expresar que sientes no poder aceptar el plan y dar una explicación o poner una excusa.

– Lo siento/lamento
– Me gustaría pero
– ¡Qué pena/rabia! Pero va a ser imposible. Es que
– Me temo que no puedo

] + excusa o explicación.

1.3.3. 📖 **Vuelve a mirar la transcripción y di si las siguientes afirmaciones son verdaderas o falsas. Corrige las falsas. Trabaja con tu compañero.**

	Verdadero	Falso
1. Podemos usar el pretérito pluscuamperfecto de indicativo para expresar un pensamiento o creencia que puede ser interrumpida o no cumplida.	☐	☐
2. Usamos el presente de subjuntivo para proponer un plan cuando no estamos seguros de que se vaya a aceptar o cuando no tenemos mucha confianza con el interlocutor.	☐	☐
3. En ¡Vaya planazo! el sufijo aumentativo –azo expresa ironía.	☐	☐
4. En Habría que llamarla, el condicional expresa una orden.	☐	☐

Etapa 10. Nivel B2.1

I.4. Lee las siguientes situaciones. ¿Qué fórmula elegirías para cada una de las opciones? Escribe la respuesta.

[1] Pasar el fin de semana en casa, en pijama y bata, viendo pelis en el DVD y comiendo palomitas.

- Tu pareja (con la que vives). ▶
- Tu pareja (que no vives con ella). ▶
- Un/a compañero/a de piso con el que convives desde hace tres meses. ▶

[2] Ir de compras por el centro de la ciudad, comer fuera y continuar con las compras.

- Un/a buen/a amigo/a con el/la que normalmente haces planes. ▶
- Un/a compañero/a de trabajo que has conocido hace poco y que te gusta. ▶
- Un/a amigo/a que ha venido a visitar la ciudad en la que estás y que se está alojando en tu casa. ▶

[3] Ir al mercadillo de libros/discos que ponen todos los sábados en tu ciudad.

- Tu pareja (con la que vives). ▶
- Un/a buen/a amigo/a con el/la que normalmente haces planes. ▶
- Un/a compañero/a de trabajo que has conocido hace poco y que te gusta. ▶

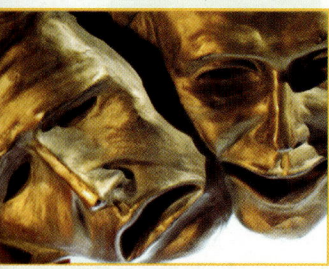

[4] Pasar el día durmiendo y salir de marcha por la noche.

- Un/a compañero/a de piso con el que convives desde hace tres meses. ▶
- Un/a compañero/a de trabajo que has conocido hace poco y que te gusta. ▶
- Un/a amigo/a que ha venido a visitar la ciudad en la que estás y que se está alojando en tu casa. ▶

[5] Ir a ver algún espectáculo (teatro, danza, concierto…).

- Tu pareja (que no vives con ella). ▶
- Un/a buen/a amigo/a con el/la que normalmente haces planes. ▶
- Un/a compañero/a de trabajo que has conocido hace poco y que te gusta. ▶

[6] Ver la exposición temporal del museo de la ciudad en el que hay que guardar colas bastantes largas.

- Un/a compañero/a de piso con el que convives desde hace tres meses. ▶
- Un/a compañero/a de trabajo que has conocido hace poco y que te gusta. ▶
- Un/a amigo/a que ha venido a visitar la ciudad en la que estás y que se está alojando en tu casa. ▶

Unidad 3

1.4.1. **Pon en común la información anterior. Explica a tus compañeros por qué has elegido esos exponentes.**

1.4.2. **En parejas, elegid dos combinaciones (plan y destinatario) de la actividad 1.4., repartíos el rol y desarrollad el diálogo completo.**

1.5. ¿Qué cambios crees que ha experimentado el ocio en la actualidad comparándolo con el siglo pasado? Tu profesor te va a dar un texto que habla sobre ello. Sigue sus instrucciones.

	Años 70	Años 2000	En la actualidad
Cine			
Música			
Compras			
Restaurantes			
Otros			

1.5.1. ¿Crees que el ocio que se describe en los 2000 sigue vigente en la actualidad? ¿O ha habido otros cambios? Habla con tus compañeros.

2 Impresiones

2.1. Fíjate en la imagen de estos compañeros de trabajo y discute con la clase la respuesta a las siguientes preguntas, según tu opinión.

Cuando salen por la noche...

- ¿Cómo visten?
- ¿Dónde van?
- ¿Qué beben?
- ¿Cuánto se gastan?
- ¿A qué hora salen y a qué hora vuelven?

Hablar de la impresión

• Me da la impresión de que...   • Me parece que...   • Tiene pinta de...   • Parece que...

2.1.1. Antes de leer un texto para comprobar tus hipótesis, te proponemos un juego de memoria. Sin mirar la imagen anterior, lee las siguientes afirmaciones y marca verdadero o falso. Discute la respuesta con tu compañero.

	Verdadero	Falso
1. La chica del fondo es la más alta.	☐	☐
2. Ninguno lleva patillas.	☐	☐
3. Las chicas son más bajas que los chicos.	☐	☐
4. Todos son guapos y delgados.	☐	☐
5. El chico del centro lleva el pelo corto.	☐	☐
6. La chica del centro lleva el pelo rizado.	☐	☐
7. Ninguno lleva barba pero hay un chico que tiene perilla.	☐	☐
8. Hay dos chicas que tienen el pelo rizado.	☐	☐
9. Todos van bien vestidos.	☐	☐

2.1.2. Ahora lee la información que te va a dar tu profesor sobre los personajes anteriores y clasifícala. Escribe el número al lado del personaje al que pertenece.

Miguel   Irene   Luis   Ana   Jesús   Mercedes

2.1.3. Vuelve a leer la información anterior y completa los siguientes cuadros con las frases y léxico que quieras recordar. Busca en el diccionario o pregunta a tu compañero lo que no sepas.

Describir e identificar personas

Frases para identificar a personas	Vocabulario relacionado con la descripción de personas (físico, ropa...)
El del pelo corto. El que va peinado...	

Frases relativas para identificar personas, lugares y cosas

- *La (chica) que lleva un vestido negro.*
- *La (chica) que lleva el pelo recogido.*

- *El (bolígrafo) que tiene un capuchón azul.*
- *La (ciudad) que tiene tres museos de arte.*

En todas estas frases relativas el antecedente (*chico, chica, bolígrafo, ciudad*) está suprimido o elidido porque es innecesario.

2.2.  **Fíjate en estas tres categorías que describen diferentes tipos de ocio. ¿Con cuáles te identificas tú? Elige una opción de cada columna. Habla con tus compañeros.**

Ocio nocturno Ocio diurno	Ocio barato Ocio caro	Ocio bullicioso Ocio tranquilo

2.2.1. **¿Y los siguientes tipos de persona, qué ocio crees que elegirían? Escribe la inicial en cada caso (N ➧ nocturno, D ➧ diurno, etc.). Pregunta las palabras o expresiones que no comprendas.**

¿Qué tipo de ocio elegiría una persona...	N/D	B/C	B/T
1. a la que le gustara hablar por los codos?	☐	☐	☐
2. que tendiera a hablar mal de la gente?	☐	☐	☐
3. que estuviera deprimida o triste muy a menudo?	☐	☐	☐
4. que tuviera problemas para hablar de sus cosas y de ella misma?	☐	☐	☐
5. que fuera descuidada con las cosas?	☐	☐	☐
6. que tuviera intereses muy diversos?	☐	☐	☐
7. que estuviera llena de energía?	☐	☐	☐
8. que tuviera facilidad para iniciar disputas con los demás?	☐	☐	☐
9. a la que le gustara dar mil vueltas a todo?	☐	☐	☐
10. que fuera muy imaginativa, inventiva?	☐	☐	☐
11. que evitara el trato con los demás o mostrara indiferencia hacia los otros?	☐	☐	☐
12. que mostrara indiferencia?	☐	☐	☐
13. que cambiara de humor o estado de ánimo con mucha frecuencia?	☐	☐	☐
14. que odiara dejar sin hacer o a medias las cosas?	☐	☐	☐
15. que se distrajera con mucha facilidad?	☐	☐	☐

> Pues yo creo que una persona a la que le gustara hablar mucho elegiría un ocio tranquilo porque con el ruido no podría hablar.

2.2.2. Compara tus respuestas con tus compañeros y justifica tu elección.

Observa la siguiente frase relativa:

- ¿Qué tipo de ocio elegiría **una persona a la que le gustara** hablar mucho?

El verbo de la parte resaltada está en el modo **subjuntivo** porque se refiere a personas no conocidas (con una personalidad hipotética) y está en **imperfecto** porque el verbo principal (*elegiría*) está en condicional.

2.2.3. Los siguientes adjetivos pueden utilizarse para referirse a algunas de las personas que se describen en la actividad 2.2.1. Escribe el número de la frase que lo describe y después da una definición, tal y como se muestra en el ejemplo.

Adjetivos de carácter

1 **a.** hablador/a ▶ persona que habla mucho	☐ **g.** distante ▶ ....
☐ **b.** melancólico/a ▶	☐ **h.** distraído/a ▶ ....
☐ **c.** perseverante ▶	☐ **i.** depresivo/a ▶ ....
☐ **d.** frío/a ▶	☐ **j.** reservado/a ▶ ....
☐ **e.** enérgico/enérgica ▶	☐ **k.** temperamental ▶ ....
☐ **f.** criticón/criticona ▶	☐ **l.** variable ▶ ....

Fíjate:

Cuando utilizamos las frases relativas para definir personas, lugares y cosas, el verbo va en presente de indicativo.

2.3. ¿Te gustan las estadísticas? Ordena de más a menos, según tu opinión. Después habla con tus compañeros.

Actividades más gratificantes en el ocio para los españoles

- ☐ ■ Llevar a cabo actividades de tipo cultural.
- ☐ ■ Hacer deportes de aventura.
- ☐ ■ Verse con los amigos y familiares.
- ☐ ■ Pasar las horas delante del ordenador.
- ☐ ■ Comer bien.
- ☐ ■ Cuidar del cuerpo y de la salud.
- ☐ ■ Ir a la playa.
- ☐ ■ Ir a la montaña.
- ☐ ■ Ejecutar tareas relacionadas con la formación personal.

Nacionalidades más satisfechas con sus actividades de ocio

- ☐ ■ ingleses
- ☐ ■ españoles
- ☐ ■ alemanes
- ☐ ■ italianos

Nacionalidades más apegadas al trabajo y menos ociosas

- ☐ ■ portugueses
- ☐ ■ ingleses
- ☐ ■ italianos
- ☐ ■ alemanes
- ☐ ■ españoles

2.3.1. Lee el texto y comprueba tus hipótesis anteriores.

Lo más y lo menos deseado

Según una encuesta de ESADE (Escuela Superior de Administración y Dirección de Empresas), entre todas las actividades de turismo y ocio que los españoles realizaron a lo largo del 2000, destacan como las más gratificantes, por orden: verse con los amigos y familiares, cuidar del cuerpo y de la salud, comer bien, llevar a cabo actividades de tipo cultural, ir a la playa y acudir a la montaña. Mientras que, siempre según ESADE, consideraron como actividades menos interesantes: hacer deportes de aventura, pasar las horas delante del ordenador y ejecutar tareas relacionadas con la formación personal.

El motor propulsor del ocio

Los factores que pueden impulsar a realizar una determinada actividad de turismo y de ocio difieren entre los europeos. En el caso de los españoles, consideran fundamental el que la actividad a realizar sea entretenida, que les permita relacionarse con otras personas y que sea muy creativa. Según se aproxime la actividad a estos baremos, el nivel de satisfacción será mayor o menor. Según ESADE, los más satisfechos con las actividades realizadas durante el 2000 fueron los ingleses (85,7%), seguidos de los italianos, los alemanes y los españoles (72,1%).

Los más "ociosos"

El ocio es más importante que el trabajo en un 24,2% de los encuestados. Sin embargo, este dato es diferente en cada una de los países miembros; así, los más ociosos son los ingleses (38,7%) y los alemanes (37,8%), y los más apegados al trabajo son los portugueses, seguidos de los españoles y los italianos. En el caso de los portugueses, estos no están dispuestos a reducir un 10% su tiempo de trabajo para dedicárselo al ocio si esto conlleva recortar el salario en un porcentaje equivalente. Participan de la misma opinión los españoles (68,9%) y los alemanes (44,9%).

Texto adaptado de Sara F. Cucala en http://www.elmundo.es/motor/2001/MV191/MV191-15.html

2.4. ¿Crees que se puede saber cómo es una persona por el lugar que ha elegido para vivir? Habla con tus compañeros.

2.4.1. Lee el siguiente texto que habla sobre diferentes barrios de Madrid y contesta a las preguntas que se te formulan.

Si eres una persona pija:

Lo tuyo es vivir en el barrio de Salamanca y tener cerca las tiendas de Loewe, Chanel, Manolo Blahnik... Ir de compras y no prestar atención a cuánto te gastas es lo que te gusta y haces habitualmente. Pues aprovecha y ponte a buscar rápidamente un ático en una de las zonas más caras y privilegiadas de Madrid.

¿Cómo crees que es una persona pija?

Si eres marchosa o juerguista:

¿Te encanta probar esas pequeñas *delicatessen* llamadas tapas? Pues qué mejor que elegir una zona para vivir que esté llena de bares y que goce de un buen ambiente para *tapear*. Si este es tu estilo de vida, lo mejor es que empieces a buscar piso por La Latina; encajarás perfectamente y descubrirás cientos de sitios en los que poder disfrutar de pequeñas charlas con tus amigos.

¿Cómo crees que es una persona marchosa o juerguista?

Si te consideras una chula:

Si para ti ponerte el traje de chulapa y el clavel en el pelo no significa ir disfrazada, sino reivindicar las tradiciones madrileñas, el barrio de Chamberí es tu lugar ideal. Está considerado como la zona más castiza de la capital y no es extraño encontrarse con algún edificio antiguo al estilo de las corralas[1].

[1] Casa de vecindad antigua constituida por viviendas de reducidas dimensiones a las que se accede por puertas situadas en galerías o corredores que dan a un gran patio interior.

¿Cómo crees que es una persona chula?

Si te consideras una persona liberal o abierta de mente:

Si te gusta el ambiente de libertad que se respira en el barrio *gay* por excelencia de Madrid, lo tuyo es vivir en Chueca, zona centro de la capital. Hay decenas de locales de ambiente y sus habitantes muestran con orgullo su condición sexual.

¿Cómo crees que es una persona liberal o abierta de mente?

2.4.2. Compara las respuestas con tus compañeros.

2.4.3. Donde vives en tu país, ¿hay también barrios característicos?

3 Preferencias

3.1. Lee las siguientes propuestas y piensa en la respuesta según tus preferencias. Después, habla con tus compañeros.

| 1. Cinco planes para un fin de semana de mayo en tu país. | 2. Cinco razones para disfrutar de la ciudad donde estás aprendiendo español. | 3. Cinco razones por las que quieres ir a ver la película/ el concierto/la exposición… |

| 4. Dos libros/canciones que aplaudes. | 5. Cinco lugares del mundo que todavía no conoces pero que no quieres perderte. | 6. Cinco razones para venerar a… |

3.2. Con la información que habéis compartido en la actividad anterior, vamos a completar una página de la *Guía del ocio* con vuestras propuestas. Primero lee las que la revista propone y di si las siguientes afirmaciones son verdaderas o falsas.

	Verdadero	Falso
1. El autor de la página tiene dudas sobre cuál es el mejor libro de Mario Vargas Llosa.	☐	☐
2. El lugar que propone la revista para una escapada es un paraje natural, no tiene núcleos de población.	☐	☐
3. La película recomendada es una comedia romántica.	☐	☐

Unidad 3

Guía del Ocio

- ● cine
- ● teatro y danza
- ● arte y museos
- ● restaurantes
- ● música
- ● escapadas
- ● libros

Libros ⬤

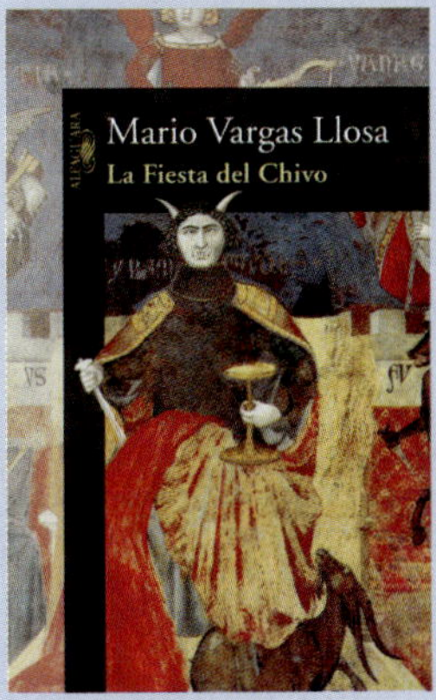

**La fiesta del Chivo
de Mario Vargas Llosa.**
¿Cuántos grandes libros tiene
que escribir un novelista para
que se le considere un gran escritor? Yo creo que basta con
uno. Pues bien, Mario Vargas
Llosa es autor, no de uno, sino
de varios libros verdaderamente grandes. A pesar de lo difícil
de elegir uno, recomendamos
La fiesta del Chivo. Esto es lo que
una lectora dice de él:
"*La fiesta del Chivo* fue el último
libro de más de 300 páginas
que leí de una sentada. Paré
para comer".

Escapadas ⬤

Sierra de Aracena (Huelva)

**Sierra de Aracena
en Huelva.**
La sierra de Aracena es una
comarca sorprendente: para-
jes naturales de inmaculada
naturaleza, pueblos blancos
y frescos llenos de arte, bosques apacibles donde el pinar
compite con el alcornoque o el
castaño.

Tierra rica en gastronomía y
tradiciones. La Gruta de las
Maravillas es sin duda el más
impresionante monumento
romántico creado por la naturaleza.

Cine ⬤

BIUTIFUL

Biutiful.
Es una película dirigida, escrita y producida por el director
mexicano Alejandro González
Iñárritu y ambientada en la
ciudad de Barcelona. La película compitió por la Palma de
Oro en el Festival de Cannes
2010, en el que Javier Bardem
ganó el premio a la mejor interpretación masculina.
"Un retrato impresionista y
conmovedor de un hombre. Es
un precioso poema, de tono
melancólico, sobre el amor, la
paternidad y la culpa. Bardem
ofrece una interpretación
extraordinaria".

3.2.1. **En grupos, completad la página de la revista con vuestras propuestas.**

3.2.2. **Para saber algo más sobre el escritor Mario Vargas Llosa, tu profesor te dirá qué tienes que hacer.**

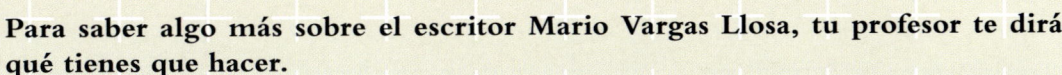

Mario Vargas Llosa, Premio Nobel de Literatura 2010. El primer autor que escribe en español que recibe tan prestigioso premio en los últimos 20 años.

1. Lugar de nacimiento: ....

2. Títulos de sus primeras novelas: ....

3. El título de una novela biográfica: ....

4. El título de una novela divertida: ....

5. Temática de alguna de sus obras: ....

6. Género de *La fiesta del Chivo*: ....

4.1. Los juegos de mesa son una opción para pasar una tarde de ocio con los amigos. Te proponemos elaborar las preguntas-pruebas para jugar en la clase. Dividid la clase en tres grupos y completad las siguientes tarjetas.

Personajes **1**	Lugares **1**	Libre elección **1**
¿Qué director-a/actor-actriz/ artista/etc. fue el/la que… .... **?**	¿Qué ciudad es la que… .... **?**	¿ .... **?**

Personajes **2**	Lugares **2**	Libre elección **2**
¿Quién es el que…. .... **?**	El lugar donde… .... **?**	¿ .... **?**

Personajes **3**	Lugares **3**	Libre elección **3**
El/la director-a/actor-actriz/ político-a/famoso-a/ etc. que… .... **?**	La ciudad a/de/por/etc. la que… .... **?**	¿ .... **?**

Personajes **4**	Lugares **4**	Libre elección **4**
El que/La que… .... **?**	El lugar que… .... **?**	¿ .... **?**

4.2. Empieza el juego. Vuestro profesor tiene las instrucciones.

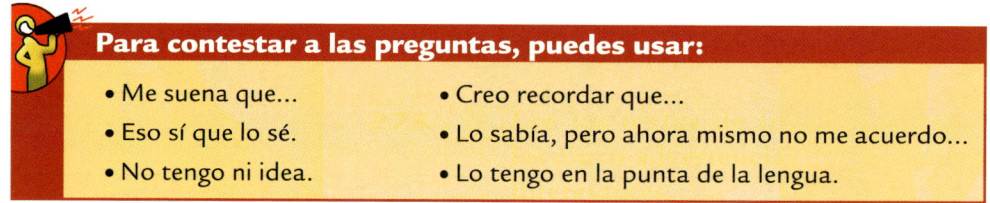

Para contestar a las preguntas, puedes usar:

- Me suena que…
- Eso sí que lo sé.
- No tengo ni idea.
- Creo recordar que…
- Lo sabía, pero ahora mismo no me acuerdo…
- Lo tengo en la punta de la lengua.

Unidad 3

Unidad 4

Y tú, ¿cómo vives?

Tareas:
- Elaborar un cartel informando de las enfermedades más comunes en sus países.
- Elegir las mejores advertencias para evitar un problema de salud.
- Redactar un texto argumentativo sobre medicina alternativa.

Contenidos funcionales:
- Expresar sensaciones físicas y estados de ánimo.
- Hacer advertencias.
- Aconsejar.

Contenidos lingüísticos:
- Verbos y expresiones para expresar sensaciones físicas y estados de ánimo.
- *Como* + subjuntivo
- *Te advierto/recuerdo/aviso...*
- *¡Ojo/cuidado con...!*
- *Que sea la última vez que...*
- *Lo mejor sería que* + imperfecto de subjuntivo.

Contenidos léxicos:
- Partes del cuerpo.
- Expresiones con partes del cuerpo.
- Enfermedades.
- Alimentos.

Contenidos culturales:
- Principales enfermedades en España y México.
- La medicina alternativa.

I Y tú, ¿cómo te sientes?

1.1. Observa la siguiente imagen e intenta completar los espacios en blanco con el nombre de la parte del cuerpo correspondiente con ayuda de tus compañeros.

(el) hígado
(el) riñón
(la) columna
(la) arteria
(el) tendón
(la) frente
(la) costilla
(el) cerebro
(el) esqueleto
(la) uña
(la) articulación
(la) pestaña
(la) barbilla
(la) mejilla
(la) ceja
(el) intestino
(el) nervio

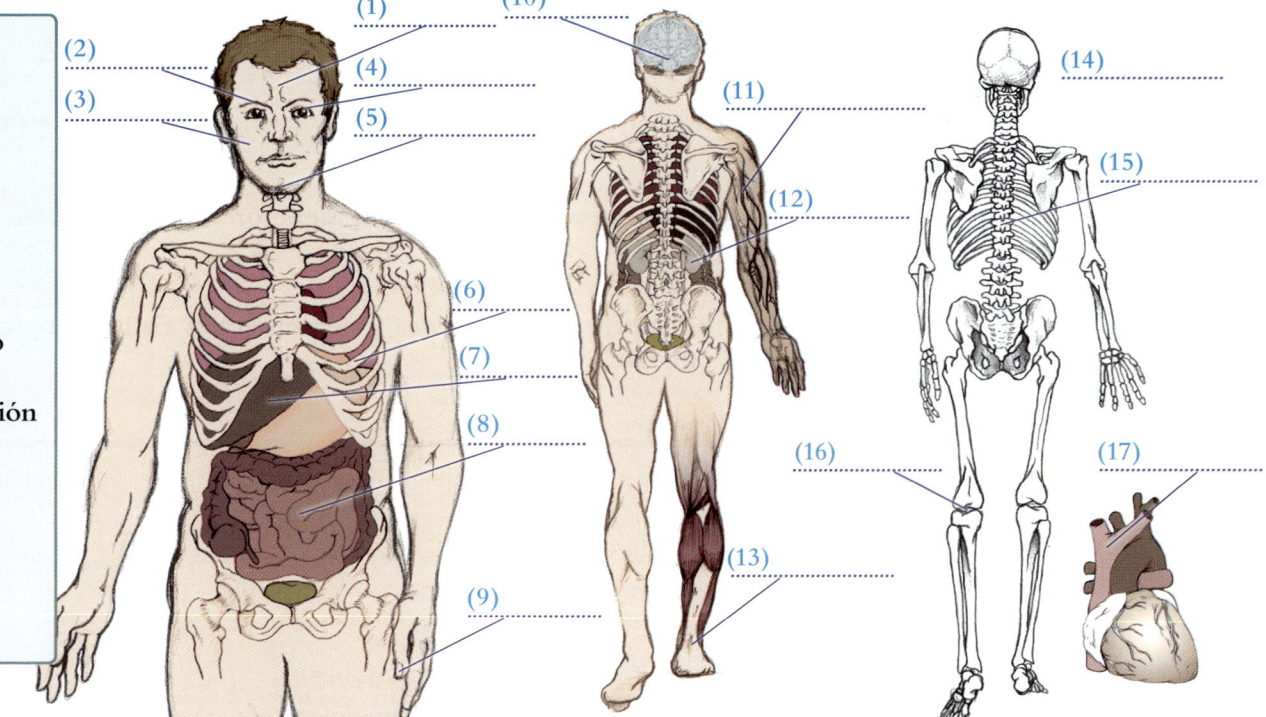

(1) _____ (10) _____
(2) _____ (4) _____ (14) _____
(3) _____ (5) _____ (11) _____
(6) _____ (12) _____ (15) _____
(7) _____
(8) _____ (16) _____ (17) _____
(9) _____ (13) _____

1.1.1. ¿Con qué parte del cuerpo relacionas estos tipos de problemas de salud?

[1] renales: _____
[2] cerebrales: _____
[3] musculares: _____
[4] cardiacos: _____

[5] intestinales: _____
[6] pulmonares: _____
[7] urinarios: _____
[8] óseos: _____

[9] articulatorios: _____
[10] vasculares: _____
[11] circulatorios: _____
[12] hepáticos: _____

I.I.2. Formad tríos y colocad a una persona del grupo de espaldas a la pizarra. Vuestro profesor escribirá el nombre de una parte del cuerpo: tenéis que definirla para que la adivine vuestro compañero.

I.2. Imagina que tienes las siguientes sensaciones físicas: ¿qué dirías en dichas situaciones? En parejas, escribid expresiones de reacción.

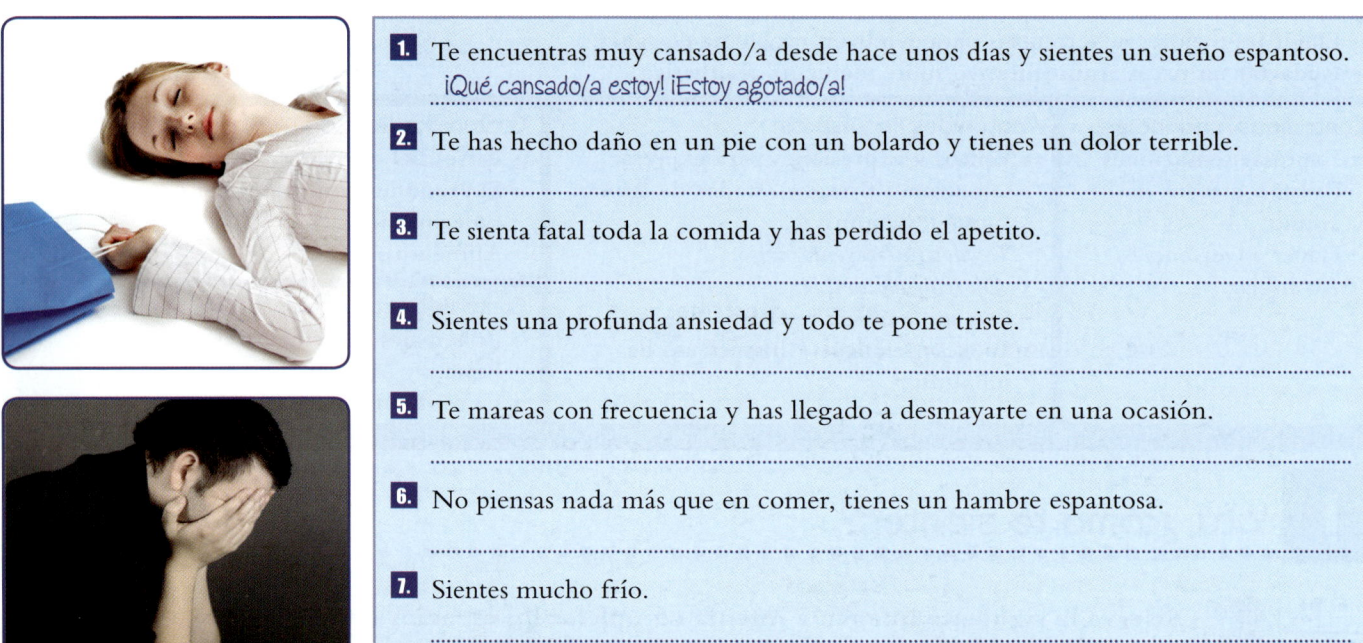

1. Te encuentras muy cansado/a desde hace unos días y sientes un sueño espantoso.
   ¡Qué cansado/a estoy! ¡Estoy agotado/a!
   ....

2. Te has hecho daño en un pie con un bolardo y tienes un dolor terrible.
   ....

3. Te sienta fatal toda la comida y has perdido el apetito.
   ....

4. Sientes una profunda ansiedad y todo te pone triste.
   ....

5. Te mareas con frecuencia y has llegado a desmayarte en una ocasión.
   ....

6. No piensas nada más que en comer, tienes un hambre espantosa.
   ....

7. Sientes mucho frío.
   ....

8. Te has quedado sin fuerza para seguir entrenando.
   ....

I.2.I. [8] Escucha las expresiones que se pueden utilizar y compara tus respuestas.

I.2.2. [8] Vuelve a escuchar y repite prestando especial atención a la entonación.

I.2.3. **R** Observa la forma de expresar sensaciones y percepciones físicas empleadas en 1.2. y completa el cuadro.

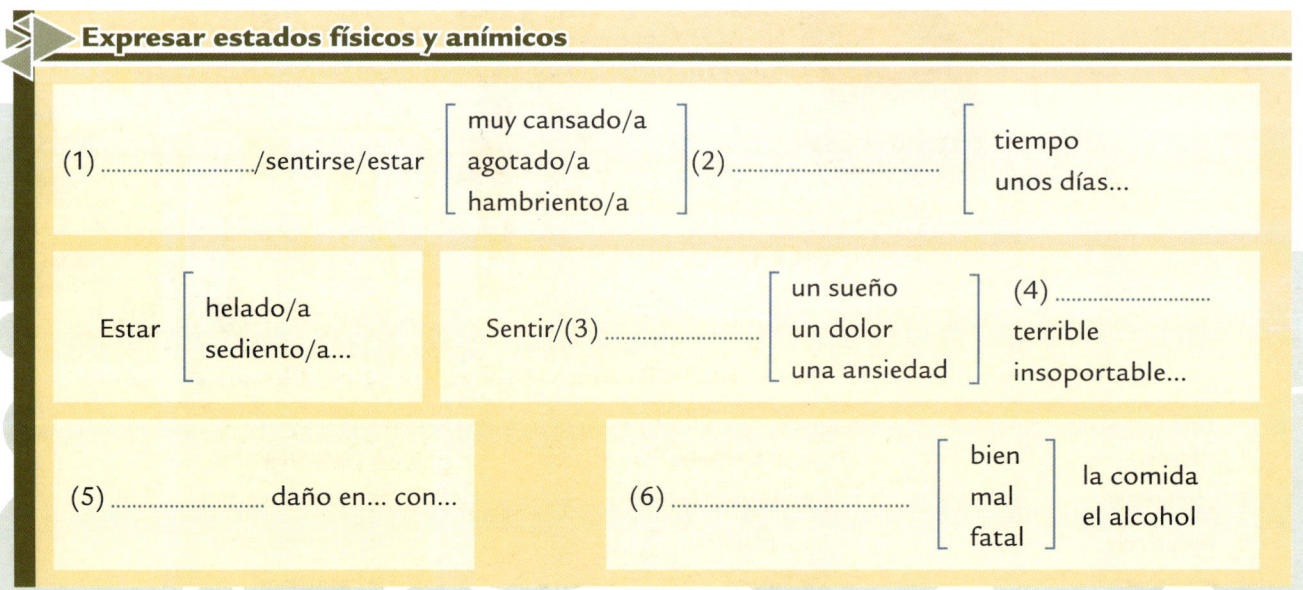

Expresar estados físicos y anímicos

(1) ..../sentirse/estar [muy cansado/a / agotado/a / hambriento/a] (2) .... [tiempo / unos días...]

Estar [helado/a / sediento/a...]   Sentir/(3) .... [un sueño / un dolor / una ansiedad] (4) .... terrible insoportable...

(5) .... daño en... con...   (6) .... [bien / mal / fatal] la comida el alcohol

Perder (7)................................... la ilusión...	Marearse/Desmayarse		
	Quedarse (8)	(9) ..../Cansarse/Fatigarse	

1.3. Estas son algunas expresiones coloquiales que se usan para hablar de estados físicos. Elige dos que no conozcas, levántate e intenta buscar su significado en las fichas que hay por las paredes de la clase.

[1] Estoy hecho/a polvo.
[5] Estoy que me caigo.
[8] Estoy seco/a.

[2] Estoy muerto/a.
[6] Estoy congelado/a.
[9] Estoy como una rosa.

[3] Estoy achicharrado/a.
[7] Me muero de hambre.
[10] Estoy para el arrastre.

[4] Estoy mejor que nunca.

1.3.1. Haz mímica de tus dos expresiones para que las adivinen tus compañeros. Después, explícales el significado.

1.4. Mira los siguientes dibujos y piensa con tu compañero qué puede significar cada expresión.

Subirse a la chepa

No tener dos dedos de frente

Dar la espalda a alguien

Echar algo en cara

Buscar tres pies al gato

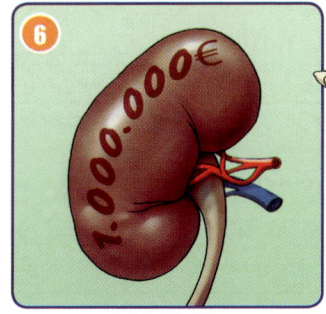
Costar un riñón

Estar atado/a de pies y manos

No tener ni pies ni cabeza

Echar un ojo a algo

Hacer de tripas corazón

Ser como uña y carne

Tener una corazonada

I.4.I.  **Para practicar las expresiones anteriores, vamos a jugar al bingo.**

I.5. **Ponte de pie, busca por la clase a alguien que realice alguna de las propuestas indicadas y escribe su nombre en el espacio de la derecha. Gana el estudiante que antes complete la actividad.**

Encuentra un/a compañero/a que…	NOMBRE
1. se gaste un riñón en ropa al año.	
2. sea como uña y carne con alguno de sus hermanos.	
3. haya tenido una corazonada en su vida que se hizo realidad.	
4. piense que muchos niños se suben a la chepa de sus padres.	
5. a menudo esté que se cae al finalizar la clase.	
6. se muera de hambre a media mañana.	
7. esté como una rosa después de dos horas de deporte.	
8. cree que está atado de pies y manos en una situación.	

Oye, Tomoko, a ti que te gusta tanto la moda..., ¿te gastas un riñón en ropa al año?

I.6. **En la revista *Salud.com* hemos leído los siguientes testimonios de algunos pacientes. Complétalos con las palabras del recuadro.**

> anorexia ■ úlcera ■ cólico ■ cefaleas ■ adelgacé ■ picores

Foro

Foro

1. .... *gracias a* que seguí una estricta dieta mediterránea.

2. Se me produjo una .... de estómago *por culpa de* un medicamento caducado.

3. *Dado que* no bebía suficiente agua al día, sufrí un .... agudo.

4. Padecí .... generalizados durante más de un mes *a causa de* un tejido acrílico que me puse.

5. *Como* temía engordar, dejé de comer y enfermé de ....

6. Tengo .... continuas *debido al* estado de ansiedad que padezco.

I.6.I. **Fíjate en los nexos que aparecen en cursiva en los testimonios anteriores, ¿qué expresan? Completa el cuadro de reflexión.**

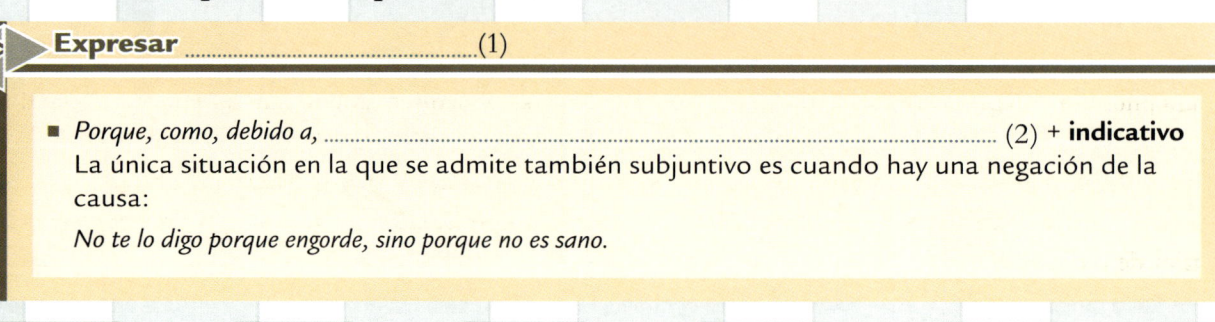

▷ **Expresar** ....(1)

■ *Porque, como, debido a,* .... (2) **+ indicativo**
  La única situación en la que se admite también subjuntivo es cuando hay una negación de la causa:
  No te lo digo porque engorde, sino porque no es sano.

I.7. Lee la siguiente frase de un personaje famoso, ¿sabes quién la dijo? Coméntalo con un compañero.

> "Dejar de fumar es muy fácil, yo lo he dejado ya como cien veces".

I.7.I. [9] Está claro que dejar de fumar no es fácil. Escucha la siguiente noticia y contesta las preguntas.

PROHIBIDO FUMAR EN ESTE ESTABLECIMIENTO

LEY 28/2005, de 26 de diciembre, de medidas sanitarias frente al tabaquismo y reguladora de la venta, el suministro, el consumo y la publicidad de los productos del tabaco.

[1] ¿Qué porcentaje de fumadores consiguen dejarlo sin ayuda de ningún tipo?

....

[2] Cuando alguien decide abandonar el tabaco, ¿qué síntomas aparecen?

....

....

[3] ¿Es el tabaquismo un hábito?

....

[4] ¿Qué sustancias relacionadas con el placer se liberan al fumar?

....

I.8. Aquí tienes una lista de las principales enfermedades en España. ¿Cuáles crees que son las más comunes? Selecciona con tu compañero cinco de ellas.

- Enfermedades cardiovasculares
- SIDA
- Hepatitis
- Diabetes
- Cáncer/Tumores malignos
- Enfermedades del sistema digestivo
- Enfermedades del sistema respiratorio
- Gripe/Gripa[1]
- Trastornos mentales
- Enfermedades cerebrovasculares
- Enfermedades del sistema nervioso
- Tabaquismo
- Otras

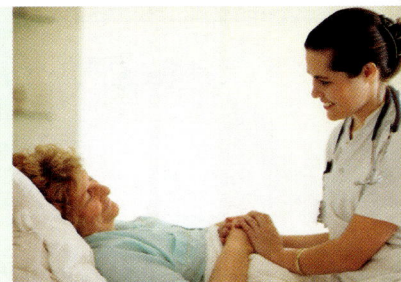

[1] En algunos países hispanos como México y Colombia.

I.8.I. Los textos siguientes hablan de las principales enfermedades de los treintañeros en México. Escribe el nombre de la enfermedad a la que hace referencia cada uno.

[1] ....

Si bien la edad promedio para presentar complicaciones cardiacas es de 60 años, poco a poco este promedio está bajando debido al cambio de estilo de vida de la población. La grasa se acumula en las paredes de las arterias provocando falta de oxígeno.

[2] ....

Al llegar a la tercera década, los golpes y torceduras adquieren seriedad pues cualquier movimiento en falso o golpe mal atendido puede convertirse en una lesión de gravedad debido a que se debilitan los huesos, tendones y músculos.

[3] ....

Es común que a los treinta se presenten ataques de pánico relacionados con la ansiedad. En la población de 18 a 60 años, el 14,3% padece trastornos de este tipo.

[4] ....

Aunque la prevención está jugando un importante papel en su curación, los índices en las mujeres siguen siendo altos. A partir de los 40 años aumenta la probabilidad de padecerlo y una precoz detección puede ayudar a evitarlo.

[5] ....

El 70% de la población de ambos sexos entre 30 y 60 años tiene un exceso de peso debido principalmente a la alimentación y a la vida sedentaria.

[6] ....

El 30,8% de los mayores de treinta años sufre en México de tensión alta: las causas son mala alimentación, sedentarismo y estrés. Entre los 30 y los 40 años se presentan los primeros signos de desgaste en la máquina de producción de insulina.

[7] ....

México es el país que más bebidas carbonatadas consume, por lo que hay un alto porcentaje de fósforo en nuestra sangre. El consumo de refrescos y azúcares durante la juventud crea huesos mucho más débiles que, junto al sedentarismo y un bajo consumo de calcio, hace que cuando se llega a los 30 años los huesos sean más frágiles.

I.8.2. Dividid la clase en grupos por nacionalidades. Buscad información sobre las enfermedades más frecuentes en vuestros países y elaborad un cartel con los resultados.

2 Y tú, ¿qué comes?

2.1. Discute con tus compañeros las siguientes preguntas.

1. ¿Por qué engordamos?

2. ¿El agua debe tomarse dentro o fuera de las comidas?

3. ¿Es necesario sudar para adelgazar?

4. ¿Cuáles son los alimentos perfectos y los alimentos prohibidos?

5. ¿El agua adelgaza?

6. ¿El pan engorda?

7. La fruta, ¿cuándo tomarla: antes o después de las comidas?

8. ¿Los alimentos integrales no engordan?

9. ¿Los fritos son perjudiciales para la salud?

10. ¿Comer chocolate provoca la aparición de acné?

11. ¿Los productos 0% grasa son sanos?

2.1.1. Comprueba tus respuestas a las preguntas anteriores con los textos que os dará el profesor.

2.1.2. Poned en común los textos que habéis leído anteriormente y, entre todos, definid las palabras que aparecen en negrita.

2.1.3. ¿Qué otros mitos conoces sobre la alimentación o la vida sana? Habla con tus compañeros.

2.2. Completa la siguiente guía con recomendaciones de alimentos para engordar. Tu profesor te dirá qué tienes que hacer.

ALIMENTOS CARDIOSALUDABLES PARA ENGORDAR

A la hora de enriquecer tus platos, procura que estos te aporten la mejor calidad nutritiva y el menor riesgo cardiovascular:

- (1) .... en vez de azúcar refinado. Esta, además de hidratos de carbono, aporta vitaminas y minerales mientras que el azúcar refinado solo proporciona hidratos de carbono.
- (2) .... en vez de carne grasa. Este proporciona ácidos grasos polinsaturados en lugar de los saturados de la carne.
- Aceite de oliva o de (3) .... (para utilizar en crudo) en vez de grasas animales (manteca, unto, sebo...).
- (4) .... de huevo para proporcionar suplementos proteicos en vez de huevo entero. En la yema del huevo está la parte grasa de este, incluido el colesterol.

Estas son algunas sugerencias, elige las que más vayan contigo:
- Tostadas con (5) .... y aceite de oliva.
- Bocadillos de (6) .... o atún en aceite.
- Sopa con (7) .... o (8) .... de jamón fritos y huevo rallado.
- (9) .... de patata con leche en polvo y aceite de oliva.
- Lenguado con salsa (10) ....
- Trucha frita con almendras (11) ....
- (12) .... enriquecidas con almendra (mezclada con la carne).
- (13) .... de frutas y nueces.
- Frutos secos a cualquier hora: almendras, avellanas, cacahuetes, nueces, piñones, pistachos, etc., (14) .... o tostados, pero sin sal.

(1) Sustancia amarillenta y dulce que producen las abejas.
(2) Tipo de pescado abundante en grasa, como la sardina.
(3) Partes del fruto que dan origen a una nueva planta.
(4) Materia líquida y transparente que rodea la yema del huevo.
(5) 1.º Planta de olor fuerte que se usa mucho como condimento.
    2.º Trozos muy pequeños, triturados.
(6) 1.º Tipo de pescado, de color rosa.
    2.º Sometido al humo para dar al alimento un sabor concreto.
(7) Trozos pequeños de pan tostado o frito.
(8) Trozos pequeños de alimentos que se mezclan con las sopas o las legumbres.
(9) Pasta cocida y triturada que se hace de legumbres u otros alimentos.
(10) Salsa blanca que se hace con harina, leche y mantequilla.
(11) Cortadas en trozos muy pequeños.
(12) Bolas de carne.
(13) Mezcla de diferentes tipos de frutas o verduras.
(14) Alimentos que no han sido cocinados de ninguna forma.

2.3. ¿Qué es una noticia alarmante? ¿Puedes pensar en algunas relacionadas con los siguientes temas?

> alimentación ■ estilo de vida actual ■ enfermedades ■ viajes

2.3.1. Lee el siguiente texto sobre noticias alarmantes y personas alarmistas: ¿te parece que los hechos que se mencionan son infundados o exagerados?

Se aclara que *alarmante* es lo que alarma o inquieta, y *alarmista* es la persona que hace cundir noticias referentes a la proximidad de un peligro, sea imaginario o real y también aquello que produce alarma. Además de personas alarmistas, puede haber noticias alarmistas, que no son ni más ni menos que las que se difunden con el objeto de generar alarmas infundadas o exageradas.

Estas son algunas afirmaciones de personas alarmistas, así es que...

Te aviso que no te las tomes al pie de la letra.
Te advierto que las leas con calma y precaución.

"No quiero entrar en detalle sobre los efectos negativos de estas tres drogas: café, alcohol y tabaco, y sus consecuencias, solo **ten en cuenta** que tu cuerpo puede tolerar sustancias extrañas puntualmente. Pero **como lo conviertas en un hábito**, te estarás sometiendo voluntariamente a erosionar tu salud poco a poco y tendrás muchos problemas".
(María)

"Nuestro cuerpo está preparado para afrontar una falta de comida, pero no para asimilar un exceso de comida. Hoy en día vivimos rodeados de alimentos hipercaló-

ricos muy tentadores para nuestro paladar, listos para comer cuando nos apetezca. Chocolate, galletas, patatas fritas, queso, cacahuetes, pasta, arroz. **Te advierto que** sobrealimentarte habitualmente es una de las peores cosas que puedes hacer por tu salud".
(Diego)

"La lista de efectos negativos atribuidos al azúcar es inmensa. Algunos ejemplos son: envejecimiento, caries, problemas de concentración, problemas del sistema inmunitario y aumento del riesgo de padecer obesidad, diabetes, y problemas cardiacos. **Te aviso que** cualquier alimento con mucho azúcar produce en tu cuerpo efectos similares a una droga y puede causarte adicción".
(Isabel)

"Hoy en día es más habitual pasar horas sentado y estirado que corriendo y saltando. Para evitar los problemas derivados del sedentarismo excesivo, **lo mejor sería que dedicáramos** un tiempo cada día a hacer ejercicio, aunque sean solo 10 minutos haciendo flexiones, saltando o corriendo".
(Juan Carlos)

"**¡Ojo** con el aceite de las patatas de bolsa! Aperitivos, bollos o precocinados pueden contener grasas "ocultas" y perjudiciales. Los especialistas reclaman una ley del etiquetado más clara para el consumidor. La gente lee grasa vegetal en una etiqueta y se relaja, tiende a asociarla con un perfil saludable, cuando no siempre es así. No te fíes de las etiquetas que solo digan grasa vegetal, sin más detalles. **Presta atención** y sospecha".
(Almudena)

"Debemos tener cuidado con las pastillas para dormir. **Lo aconsejable sería que acudiéramos** a estas solo si las terapias tradicionales como es el abordaje psicológico del insomnio o de la ansiedad, no han resultado favorables, pues las píldoras deprimen el sistema nervioso central, reducen la coordinación y el tiempo de reacción".
(Ángel)

2.3.2. **Vuelve a leer las noticias anteriores, fíjate en las frases destacadas y completa la primera parte del cuadro.**

Aconsejar y hacer advertencias

- (1).. y (2)...son expresiones en condicional que llevan imperfecto de subjuntivo para **aconsejar**.

- Para **hacer advertencias** podemos usar las siguientes expresiones:

(3)..

(4)..

(5)..

(6).. + presente de subjuntivo

(7).. y (8).. son verbos que llevan indicativo cuando se usan para llamar la atención y subjuntivo cuando se pretende influir en el interlocutor:

Te advertí que no comieras tanta grasa, que ibas a engordar.

Otras expresiones para advertir son:

(9).. (10)..

(11).. (12)..

(13).. + indicativo (para llamar la atención)/subjuntivo (para influir sobre el interlocutor).

2.3.3. **Los textos que te va a dar tu profesor pertenecen a las noticias anteriores. Identifica a qué tema pertenece cada párrafo y redacta otros para el resto.**

2.4. **Realiza las actividades a continuación siguiendo las instrucciones de tu profesor.**

Alumno A

1. **¿Para qué pensáis que se utilizan estos remedios naturales?**

 tomillo

 clavo de olor

 leche con miel

 baños en agua tibia

2. **Comprobad vuestras hipótesis con estos textos.**

El tomillo es una hierba aromática muy rica en timol, componente que tiene propiedades antiinflamatorias y anestésicas. Una infusión de tomillo sirve como loción para las afecciones de piel causadas por hongos o dermatosis. Baja la inflamación y alivia el picor.

El clavo posee una capacidad antioxidante con lo que ayuda a la conservación de los alimentos. Se ha demostrado que chuparlos alivia la sensación de acidez de estómago.

Durante siglos la leche se ha utilizado como antiácido, por lo que tomar un vaso de leche caliente antes de dormir puede relajar nuestro estómago y ayudarnos a descansar mejor. La leche caliente tiene un efecto sedante que aumenta si le añadimos una cucharadita de miel.

Cuando los niños tienen fiebre alta es recomendable darles un baño en agua tibia que hará el mismo efecto que la sudoración: conseguir que la temperatura del cuerpo baje.

3. **Piensa que tienes estos problemas y pide consejo a tu compañero.**

– La tos te persigue a todas partes, casi no te deja pegar ojo.
– Te ha picado una avispa y tienes un escozor terrible, no puedes aguantar más.
– Se te ha caído el café recién hecho en la mano y te has quemado, el dolor es horrible.
– Te sientes incómodo/a, tienes muchos gases en el estómago y no sabes cómo librarte de ellos.

4.  **Escucha los problemas de tu compañero y aconséjale con la información de los textos que has leído.**

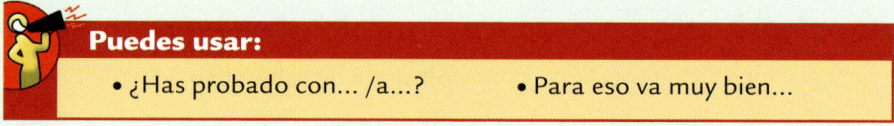

Puedes usar:

• ¿Has probado con... /a...?   • Para eso va muy bien...

Alumno B

1. **¿Para qué pensáis que se utilizan estos remedios naturales?**

aloe vera   una cebolla partida   comino   vinagre

2. **Comprobad vuestras hipótesis con estos textos.**

El aloe vera es una planta originaria de África con numerosas propiedades que pueden ayudar a solucionar problemas de salud. Una de sus aplicaciones más frecuentes es en las quemaduras. Poner el jugo de la hoja sobre la quemadura la mantiene libre de bacterias y calma el dolor.

Uno de los remedios más populares contra la tos es la cebolla. Cuando tenemos tos por la noche, una cebolla partida cerca de nuestra cama puede servir de humidificador. También podemos cocer una cebolla en pedazos en un vaso de Coca-Cola y tomarlo antes de dormir. Corre el rumor de que el origen de este popular refresco era una receta contra la tos.

El comino es una hierba aromática que se utiliza desde antiguo como especia y con fines medicinales. Estimula la digestión y posee propiedades carminativas, por tanto previene o elimina los síntomas de la aerofagia haciendo que desaparezcan los gases intestinales.

Las picaduras de algunos insectos pueden ser muy molestas debido al veneno inyectado. El vinagre por su contenido en ácido acético puede neutralizar la liberación del veneno y aliviar el malestar y picor.

3.  **Escucha los problemas de tu compañero y aconséjale con la información de los textos que has leído.**

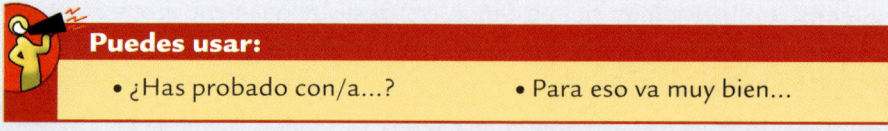

Puedes usar:

• ¿Has probado con/a...?   • Para eso va muy bien...

4. **Piensa que tienes estos problemas y pide consejo a tu compañero.**

– Últimamente te sientan mal todas las comidas, tienes acidez de estómago.
– No puedes conciliar el sueño, estás muy cansado/a porque apenas duermes.
– Tu hijo/a tiene mucha fiebre y no sabes cómo bajársela.
– Desde hace unos días sufres una dermatitis en las manos muy molesta, ya que te pica constantemente.

2.5. Escucha estas pequeñas conversaciones en las que una persona advierte a otra y relaciona el lugar con las fotografías. Escribe el número del diálogo en el espacio en blanco. ¿En qué lugar crees que están?

....

....

2.5.1. Vuelve a escuchar y escribe las frases que están utilizando para advertir.

[1] ....   [4] ....

[2] ....   [5] ....

[3] ....   [6] ....

2.5.2. [R] Termina de completar el cuadro de la actividad 2.3.2. con las estructuras anteriores que sean nuevas.

2.6. Diseña una página web con advertencias sobre algunos problemas de la vida actual. Lee los dos ejemplos y, con tu compañero, complétalos. Después escribid los textos para las imágenes que se proponen.

● ● ●   Web - Amenazas del siglo XXI

AMENAZAS DEL SIGLO XXI

ESTRÉS CONSTANTE

El miedo es una emoción humana normal y útil. Pero cuando nuestro miedo está encendido y funcionando las 24 horas, nuestro cuerpo ....

....

Cada día se conocen más los efectos negativos que el estrés tiene sobre tu salud. Evita ....

....

AMENAZAS DEL SIGLO XXI

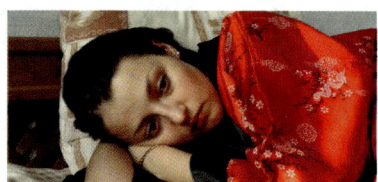

DORMIR MAL

Cuando duermes tus órganos están haciendo sus tareas de mantenimiento y mejora. Tu cuerpo ....
....

Para dormir correctamente ....
....

2.7. Dividid la clase en grupos de cuatro y elegid cinco situaciones o noticias que consideréis especialmente alarmantes por diferentes razones.

2.7.1. Poned en común vuestros resultados y justificad la elección para elegir, de nuevo, las cinco situaciones más alarmantes. Discutid también sobre los consejos o posibles soluciones.

► Yo creo que una de las situaciones más alarmantes es... porque como no...
► Sí, es cierto... me parece que lo mejor sería que...

2.7.2. Volved a hacer grupos de cuatro y redactad pequeños textos con advertencias sobre los peligros de las noticias que habéis elegido anteriormente.

2.7.3. Lee los textos de tus compañeros y vota por las cinco advertencias que te han parecido más interesantes.

Unidad 4

3 Tarea final

3.1. En las últimas décadas ha ganado terreno un tipo de medicina como alternativa a la tradicional. Completa los textos con las palabras del cuadro y luego decide a qué tipo de medicina se refiere cada uno de ellos.

> científica ■ curación ■ científicamente ■ prácticas
> experimentados ■ no ■ medicamentos ■ utiliza

1. Medicina _____. Se asienta en prácticas y conocimientos con base (1)........................... convenientemente (2)........................... Para la prevención y (3)........................... de enfermedades utiliza (4)........................... compuestos de fármacos.

2. Medicina _____. Comprende (5)........................... que no pertenecen a la medicina convencional. (6)........................... métodos y tratamientos (7)................ probados (8)........................... como la acupuntura, la quiropráctica, el masaje, plantas medicinales, etc.

3.1.1. Lee la siguiente entrada de un texto sobre medicina alternativa para hacer un debate. Dividid la clase en dos grupos (cada uno abogará por las propiedades de un tipo de medicina) y pensad en los argumentos que vais a utilizar para defender vuestra postura.

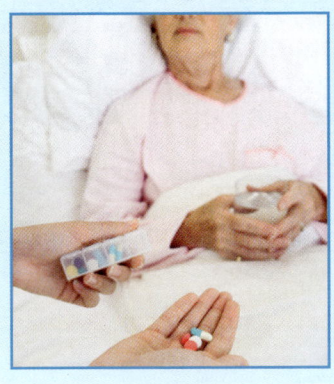

¡Mediciona tradicional o alternativa?

La eficacia de los dos tipos de medicina, tradicional y alternativa, depende en ocasiones de las creencias del enfermo.

Se ha criticado mucho el negocio lucrativo que algunas personas se han montado en torno a la medicina alternativa, pero, ¿no ha existido siempre ese negocio con la medicina tradicional?

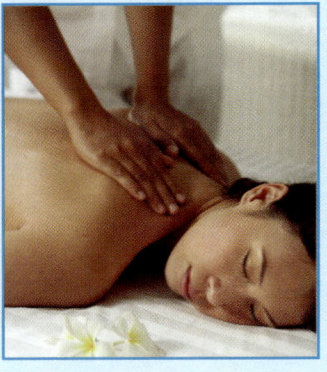

3.1.2. Poned en común vuestros argumentos para debatir si es más eficaz la medicina tradicional o la alternativa.

▶ Nosotros pensamos que la medicina alternativa existe desde hace muchos siglos y...
▶ Sí, vale, pero siempre se ha aprovechado de la buena voluntad de la gente que...

3.1.3. Escribid un texto recogiendo las conclusiones principales sobre el debate. ¿Es la medicina alternativa una práctica fiable y eficaz o solo tiene efecto placebo? Completad este esquema de un texto argumentativo con vuestras ideas.

> **Título:**
>
> • **Introducción** (presenta el tema con la idea principal del texto).
> • **Exposición** (con la tesis y las ideas principales relacionadas con ella).
> • **Argumentos** (que sirven de apoyo a la tesis).
> • **Conclusión** (basada en todos los argumentos que corroboran la tesis).

Etapas

Libro de ejercicios

Etapa 10
Tareas

Nivel
B2.1

© Editorial Edinumen, 2011.
© **Equipo Entinema:** Beatriz Coca del Bosque, Anabel de Dios Martín, Berta Sarralde Vizuete, Sonia Eusebio Hermira, Elena Herrero Sanz, Macarena Sagredo Jerónimo. Coordinación: Sonia Eusebio Hermira.
© **Autoras de este material:** Beatriz Coca del Bosque, Elena Herrero Sanz, Macarena Sagredo Jerónimo.

Coordinación editorial:
Mar Menéndez

Diseño y maquetación:
Carlos Yllana

Fotografías:
Archivo Edinumen

Editorial Edinumen
José Celestino Mutis, 4.
28028 Madrid
Teléfono: 91 308 51 42
Fax: 91 319 93 09
e-mail: edinumen@edinumen.es
www.edinumen.es

Edi
numen

Índice de contenidos

Unidad 1 Y tú, ¿cómo aprendes? 58

Unidad 2 Y tú, ¿cómo duermes? 64

Unidad 3 Y tú, ¿cómo te diviertes? 70

Unidad 4 Y tú, ¿cómo vives? 76

Las soluciones y transcripciones de los ejercicios puedes consultarlas en **www.edinumen.es/eleteca**

Unidad I

Y tú, ¿cómo aprendes?

1.1. **Completa las siguientes frases con el tiempo adecuado del verbo entre paréntesis.**

1. Es asombroso que alguien .... *(poder)* llegar a hablar perfectamente seis lenguas.

2. Me entusiasma .... *(poder)* comunicarme en chino con la gente. Ha sido muy complicado y, a veces, me he sentido muy frustrada, pero por fin lo he conseguido.

3. Cuando .... *(conseguir, yo)* el nivel C1 de alemán, me iré a Múnich a trabajar en una empresa de informática y en cuanto .... *(llegar, yo)* allí, alquilaré un apartamento bonito.

4. Me parece bien que ahora en los colegios los alumnos .... *(empezar)* a aprender una segunda lengua desde muy pequeños.

5. Deseo .... *(aprender)* cuatro lenguas en los próximos cuatro años.

6. No me importa que algunas personas .... *(reírse)* de mi acento inglés, lo más importante para mí es poder comunicarme.

7. Para .... *(aprender)* verdaderamente una lengua hay que ir al país donde se habla y estudiarla allí.

8. Espero que mi profesor me .... *(enseñar, él)* bien y, en unos meses, ... *(poder, yo)* desenvolverme sin problemas en París.

9. Me cuesta creer que alguien tan inteligente .... *(tener, él/ella)* dificultades para aprender una segunda lengua.

10. Es probable que para mayo .... *(examinarme, yo)* del nivel C1 de italiano.

11. Estoy aprendiendo holandés en una escuela que .... *(ser)* pequeña y que no .... *(tener)* un buen método de enseñanza.

12. El CD te lo han dado para que .... *(practicar, tú)* fonética en casa.

13. A lo mejor .... *(estudiar, yo)* un semestre en la universidad de la Sorbona.

14. Yo creo que la facilidad para aprender lenguas .... *(ser)* un don; se nace con él o no.

15. Busco una escuela que .... *(ser)* internacional y que .... *(tener)* un buen método de enseñanza.

1.2. **Escribe en la tabla el número de la frase del ejercicio 1.1. que se corresponde con los diferentes usos del subjuntivo.**

a. Expresar deseos. .... `5`

b. Expresar opinión. .... `   `

c. Expresar gustos y sentimientos. .... `   `

d. Frases temporales referidas al futuro. .... `   `

e. Mostrar indiferencia. .... `   `

f. Expresar sorpresa. .... `   `

g. Expresar extrañeza o incredulidad. .... `   `

h. Expresar finalidad. .... `   `

i. Expresar probabilidad. .... `   `

j. Oraciones relativas. .... `   `

I.3. Completa las siguientes frases con información sobre tu actitud ante el aprendizaje de una lengua.

1. Me da vergüenza ....
2. Me pone nervioso/a ....
3. Espero ....
4. En cuanto ....
5. No me importa ....
6. Estoy estudiando español para ....
7. Puede que ....

I.4. Completa el texto con los verbos del recuadro en el tiempo adecuado del pasado.

> obtener ■ ser (3) ■ seguir ■ comenzar ■ leer ■ tener ■ llegar ■ inscribirse
> traducir ■ escribir ■ aprender ■ formarse ■ estudiar ■ estar ■ irse ■ empezar

.... **(1)** a estudiar inglés en el colegio. En esa época se .... **(2)** a aprender un segundo idioma a los doce años. Los profesores .... **(3)** un acento horrible porque no .... **(4)** bilingües y ninguno .... **(5)** inglés en el país de origen. Las clases .... **(6)** tediosas: solo .... **(7)** fragmentos de textos, los .... **(8)** al español y .... **(9)** frases. Hablábamos poquísimo, por eso ahora puedo leer más o menos bien, pero tengo problemas a la hora de comunicarme.

Después, en el instituto, ... **(10)** en una academia y .... **(11)** allí durante cuatro o cinco años. El método .... **(12)** mejor y el profesor .... **(13)** en Londres. Cuando .... **(14)** a la universidad .... **(15)** con el inglés durante dos años más y .... **(16)** un título oficial mediante un curso a distancia. Sin embargo ahora pienso que .... **(17)** toda mi vida estudiando y solo tengo un nivel medio. ¿Por qué? Para mí, lo mejor es aprender una lengua en inmersión lingüística y ahora me arrepiento de algunas cosas: ¿por qué razón no .... **(18)** a Londres a trabajar una temporada?

I.5. Relaciona la forma del imperfecto de subjuntivo con el infinitivo correspondiente.

1. supiéramos *saber (nosotros)*
2. pusieran ....
3. viniera ....
4. estuvieran ....
5. tuvierais ....

6. quisieras ....
7. hicieras ....
8. pudiera ....
9. anduvierais ....
10. condujera ....

11. dieras ....
12. oyéramos ....
13. durmieras ....
14. supierais ....
15. sintiera ....

I.6. Completa las tarjetas del *memory* con el infinitivo o el pretérito imperfecto de subjuntivo.

1. SER (tú)	2.	3.	1. FUERAS *Ejemplo.*	2. LLORARA	3. SUPIERA
4.	5. DECIR (nosotros)	6. IRSE (ustedes)	4. VIERAN	5.	6. ....
7. ESCRIBIR (vosotros)	8. ANDAR (yo)	9. REÍR (nosotros)	7.	8.	9. ....
10.	11. PONERSE (vosotros)	12. TRAER (ellas)	10. PIDIERA	11.	12. ....

I.7. Estos son los deseos de algunos estudiantes de español. Escribe frases con sentido usando el pretérito imperfecto de subjuntivo o el infinitivo.

1. gustar/mi familia/estar aquí.
Me gustaría que mi familia estuviera aquí.

2. Preferir/la gramática española/ser más fácil.

3. Ojalá/saber (yo) la fórmula mágica/aprender el uso de los diferentes pasados.

4. gustar/conocer (yo) a un chico español/practicar más el idioma.

5. Ojalá/poder quedarme un poco más en Madrid.

6. Preferir/la enseñanza de la gramática ser más intuitiva.

7. Gustar/ser menos perfeccionista.

8. Ojalá/el día tener cuarenta y ocho horas.

9. Preferir/estudiar español en Latinoamérica.

10. Gustar/no tener que estudiar tanto.

11. Ojalá/venir mis amigos a visitarme el próximo mes.

I.7.I. ¿Podrías añadir tres deseos más a la lista anterior?

1. Ojalá
2. Me gustaría
3. Preferiría

I.8. ¿A ti también te pasan estas cosas? Cuéntanoslo.

1. He perdido por lo menos diez paraguas en el metro.
2. Siempre titubeo ante las escaleras mecánicas.
3. Me siento muy raro cuando tengo que pasar por una puerta giratoria.
4. Cuando voy bien vestido siempre me cae encima un excremento de pájaro.
5. He ido a cerrar la puerta de casa y, al no encontrar las llaves, me he dado cuenta de que me las he dejado puestas.
6. Alguna vez he saludado a mi imagen en un espejo pensando que era otra persona.
7. Me he vuelto a equivocar al marcar un número de teléfono y he colgado cuando me decían ¿Sí?
8. He olvidado en alguna ocasión felicitar a un amigo/a por su cumpleaños.

A mí también me pasa que siempre me dejo el paraguas en el metro o en el autobús.

1.9. **Relaciona las dos columnas y une cada expresión con su significado.**

1. Expresar desagrado o incomodidad en una situación.

2. Otra forma de decir que insistimos a alguien para hacer las cosas más rápido.

3. Fórmula que expresa alivio tras una situación negativa superada.

4. Frase con la que se inicia el relato de un recuerdo.

5. Expresión que significa sentir vergüenza.

6. Expresión que se usa cuando alguien está harto de algo y quiere hacérselo saber a los demás.

7. Expresión que usamos para demostrar que estamos cansados de una situación.

a. ¡Menos mal!

b. Meter prisa.

c. Estaba como cortado/a.

d. No terminaba de sentirme bien.
Me hacían sentir muy mal.
¡Lo pasé fatal!
No me encontraba nada a gusto.

e. ¡Basta ya!

f. Me cansaba mucho.

g. Me estoy acordando de una vez que…

1. ....; **2.** ....; **3.** ....; **4.** ....; **5.** ....; **6.** ....; **7.** ....

1.10. **Completa los textos con las expresiones que te damos. Escribe los verbos en infinitivo en el tiempo adecuado.**

Estar como cortada   **No terminar de sentirse bien**

a. Viví en Madrid una temporada y .... cuando los vecinos me saludaban por la calle y me decían: *¡Hola! ¿Qué tal?* porque yo me paraba para contarles cómo me iban las cosas, pero ellos seguían caminando tan tranquilos. Yo en esas situaciones .... e incómoda y no entendía muy bien por qué me preguntaban y después se iban sin escucharme. Pasaron varios meses hasta que un amigo español me explicó que era una manera de saludar, no de iniciar una conversación.

| Sentirse fatal | ¡Basta ya! | Yo no sentirme nada a gusto |

b. Yo tenía un novio holandés y en una ocasión fui a Ámsterdam de vacaciones porque me dijo que quería presentarme a su familia. El caso es que, al principio, su padre me pareció muy majo. El hombre se reía mucho conmigo y yo pensaba: "Mira, ¡qué simpático!", pero de pronto empezó a gastarme bromas pesadas. Él se moría de risa, pero ...., es más, ... Dos días antes de irme ya no podía aguantarlo más y me planté y le dije: ...., en España no le hacemos bromas a alguien a quien acabamos de conocer. Parece que lo entendió, se disculpó y no volvió a bromear conmigo nunca más.

| Menos mal | Me estoy acordando de una vez que |

c. .... estaba con un amigo ruso y estábamos haciendo un test psicológico, era una especie de juego y había que elegir entre varias personas. De las propuestas, solo cinco iban a poder sobrevivir después de una catástrofe nuclear. Dimitri se enfadó muchísimo, se levantó y se fue diciendo que él no elegía. Todos nos quedamos atónitos, no entendíamos por qué se había enfadado tanto. .... que volvió al cabo de media hora y se disculpó; nos explicó que en Rusia nadie se atrevería a elegir entre la vida y la muerte de una persona.

| Meter prisa | Trabajar sin parar |

d. Viví unos años en un pueblo de la provincia de Soria, pero luego me ofrecieron un trabajo de camarero en Madrid. Yo estaba acostumbrado al ritmo del pueblo: charla con la gente, tranquilidad… Pero en la capital es diferente, todos los clientes ....: "¡Oye!, ¿dónde está mi café?, que te lo he pedido hace media hora". "Ponme una caña rapidita". .... mañana y tarde, así que llegaba a casa rendido y solo me apetecía tumbarme en el sofá a ver la tele.

I.II. Di si las siguientes frases sobre comportamientos socioculturales en España son verdaderas o falsas.

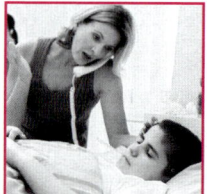   

	V	F
1. Se puede llamar a una casa con niños a las 23:00 horas.	○	○
2. Es normal regatear en las tiendas.	○	○
3. Se considera de mala educación cantar mientras se come.	○	○
4. Es bastante frecuente que los dependientes de las tiendas opinen sobre cómo le queda la ropa a los clientes.	○	○
5. Se celebra el santo de la gente, pero no se hacen regalos ese día.	○	○
6. Es normal besar o acariciar a los niños de la gente conocida.	○	○
7. Se respeta mucho la intimidad, no se interrumpe ni se hacen preguntas a desconocidos.	○	○
8. Los amigos pueden hacer visitas inesperadas, aunque es mejor avisar.	○	○
9. Los vecinos no se prestan a quedarse con un paquete que te trae el cartero si antes no se les ha avisado de que tienen que hacerlo.	○	○
10. No se habla sobre la vida privada en público, solo con la familia o amigos íntimos.	○	○

1.12. Escucha a Mary que nos habla sobre su biografía lingüística y marca las fotos que están relacionadas con su vida.

1 ○

2 ○

3 ○

4 ○

5 ○

6 ○

1.12.1. Vuelve a escuchar la grabación anterior y responde a las siguientes preguntas.

1. ¿Cuántas lenguas habla Mary?

....

2. ¿Qué razones da para justificar el escaso dominio que tiene del árabe?

....

3. ¿Cuál es su lengua materna?

....

4. ¿Qué lengua habla mejor? ¿Por qué?

....

5. ¿Cuántos certificados de idiomas tiene?

....

1.12.2. Escribe una pequeña biografía lingüística sobre ti o sobre alguien a quien tú conozcas.

....
....
....
....
....

Unidad 2

Y tú, ¿cómo duermes?

2.1. **Elige la opción correcta en cada frase.**

1. *Dormir como un tronco* significa:
- **a.** Dormir un pequeño rato.
- **b.** Dormir profundamente.
- **c.** Dormir la borrachera.

2. Una persona *está toda la noche en vela* si:
- **a.** duerme sin interrupción, todo seguido.
- **b.** tiene muchas ganas de dormir.
- **c.** se pasa la noche sin poder dormir.

3. Cuando alguien *tiene un sueño espantoso* significa que:
- **a.** está muy perezoso.
- **b.** tiene muchas ganas de dormir.
- **c.** tiene malos sueños cuando duerme.

4. Si una persona *echa una cabezada* después de comer significa que:
- **a.** duerme como un lirón.
- **b.** duerme una larga siesta.
- **c.** duerme un rato.

5. Cuando alguien *está agotado* es que:
- **a.** está muy perezoso.
- **b.** está muy cansado.
- **c.** tiene muchas ganas de dormir.

6. Cuando *alguien cumple un sueño* es que:
- **a.** consigue lo que era difícil de realizar.
- **b.** consigue un trabajo muy bien pagado.
- **c.** tiene sueños muy bonitos cuando duerme.

7. Una persona *duerme del tirón* cuando:
- **a.** se duerme rápidamente.
- **b.** duerme profundamente.
- **c.** duerme toda la noche sin interrupción.

8. Si alguien *se queda sopa* es que:
- **a.** se queda dormido si come sopa.
- **b.** se duerme involuntariamente.
- **c.** duerme mucho.

2.2. **Sustituye las palabras en negrita por una expresión coloquial o un refrán relacionados con los sueños.**

1. ► ¿Qué te pasa? Tienes mala cara.
▷ Sí, es que últimamente **estoy muy cansado**, trabajo demasiado.

....

2. Una vez me equivoqué y se enteró todo el mundo, y **¡ahora siempre piensan que de todo tengo la culpa!**

....

3. ► No sé qué me pasó ayer, pero **estuve toda la noche sin dormir**, tengo muchas cosas en la cabeza, a ver si me relajo un poco.

....

▷ Pues lo mejor para eso es hacer deporte, yo voy a correr por la tardes **y duermo toda la noche sin interrupción**.

....

4. ¡Qué envidia me da mi novio! Es que se mete en la cama y **se duerme rápidamente**.

....

5. ¡Qué tarde es! Me voy a casa ya, que **tengo muchas ganas de dormir**.

....

6. ► ¿Te has enterado de lo de Laura? Resulta que la han ascendido y se traslada a vivir a Barcelona.
   ▷ ¡Qué bien! Me alegro por ella, **por fin ha conseguido su objetivo**, ha trabajado muy duro para ello.

....

7. ► ¿Dónde está Álex? ¿No se ha levantado todavía?
   ▷ Después de lo de anoche, **está durmiendo la borrachera**, que falta le hace.

....

8. ► Después de comer siempre **duermo un rato**, y me viene muy bien para seguir con fuerzas el resto del día.

....

   ▷ Pues yo no puedo, me cuesta muchísimo.

9. Últimamente **duermo profundamente**, casi no oigo el despertador por las mañanas.

....

10. ► Desde que me levanto pronto los fines de semana, no sé, me da tiempo a hacer muchísimas cosas, parece que el día es más largo.
   ▷ Claro, ya sabes que **el que se levanta pronto recibe su premio**.

....

2.3. Completa el siguiente texto con los verbos del cuadro en el tiempo adecuado.

> correr ■ empezar ■ dar ■ haber (2) ■ poder ■ brotar ■ tener (2)
> entrar ■ estar (2) ■ mirar (2) ■ beber ■ confesar ■ recibir

Soñó que estaba preso

Aquel preso soñó que estaba preso. Con matices, claro, con diferencias. Por ejemplo, en la pared del sueño .... (1) un afiche de París; en la pared real solo .... (2) una oscura mancha de humedad. En el piso del sueño .... (3) una lagartija; desde el suelo verdadero lo .... (4) una rata. El preso soñó que estaba preso. Alguien le .... (5) masajes en la espalda y él .... (6) a sentirse mejor. No .... (7) ver quién era, pero .... (8) seguro de que se trataba de su madre, que en eso era una experta. Por el amplio ventanal .... (9) el sol mañanero y él lo .... (10) como una señal de libertad. Cuando abrió los ojos, no había sol. El ventanuco con barrotes (tres palmos por dos) daba a un pozo de aire, a otro muro de sombra.

El preso soñó que .... (11) preso. Que .... (12) sed y .... (13) abundante agua helada. Y el agua le .... (14) de inmediato por los ojos en forma de llanto. .... (15) conciencia de por qué lloraba, pero no se lo .... (16) ni siquiera a sí mismo. Se .... (17) las manos ociosas, las que antes construyeron torsos, rostros de yeso, piernas, cuerpos enlazados, mujeres de mármol. Cuando despertó, los ojos estaban secos, las manos sucias, las bisagras oxidadas, el pulso galopante, los bronquios sin aire, el techo con goteras…

Fragmento de *Buzón de tiempo*, **Mario Benedetti**.

2.4. Elige el conector del discurso adecuado en cada caso.

Sueño a. Recuerdo un sueño en el que un león me perseguía. Yo iba con mi madre por una calle vacía, no había personas, no había coches, nada. **Entonces/Así que/Además** miré hacia atrás y vi que un león venía detrás de nosotras. **Ya que/Inicialmente/De pronto** el león caminaba muy despacio, pero **además/en los últimos tiempos/de pronto** empezó a correr; corría muy rápido, nosotras estábamos muy asustadas, corríamos y corríamos, pero el león cada vez estaba más cerca. Al final, un hombre apareció en un coche, paró, no podía verle la cara, no sabía quién era, pero se ofreció a llevarnos y nos fuimos rápidamente de allí. Me desperté sobresaltada.

La verdad, me gustaría saber qué significa mi sueño, ¿alguna idea? *Aby*

Sueño b. La otra noche soñé que salía de mi casa, iba a dar un paseo y **de pronto/inicialmente/además** me di cuenta de que podía volar, **inicialmente/así que/además** decidí hacer un viaje. **Inicialmente/Entonces/Un tiempo después** me daba un poco de miedo y volaba despacito, pero **de pronto/así que/luego** empecé a tener confianza en mí mismo y lo hacía más rápido y volaba por encima de ciudades y de bosques, de ríos… Por último, decidí volver a mi casa y aterricé sin problemas. Después me desperté con una sensación increíble, maravillosa. No es la primera vez que sueño que vuelo, pero desde luego este sueño fue especial.

¿Tiene algún significado? *Toño*

Sueño c. Muchas veces sueño que me caigo. El otro día, por ejemplo, soñé que estaba mirando a la gente que pasaba desde la terraza de un edificio muy alto **entonces/así que/ya que**, sin saber cómo, perdía el equilibrio y me caía. Lo increíble es que no sentía miedo, estaba tranquilo, al llegar al suelo caía sin dificultad y sin hacerme daño y **además/ya que/de pronto** me desperté.

¿Qué puede significar? *Al*

2.4.1. Lee estas interpretaciones que dan sobre los sueños anteriores y relaciónalas con el sueño correspondiente.

Este sueño puede interpretarse como un símbolo de libertad. Puesto que lo ha soñado ya en repetidas ocasiones quiere decir que tendrá usted una gran fortuna. Además, sabe como llegar a conseguir sus objetivos en la vida para ser feliz, esquivando los impedimentos e inconvenientes que se le pongan por delante.

1. Sueño: ....

El significado de este sueño está relacionado con la pérdida, ya sea de amor, de respeto, de dinero, etc. Es muy probable que su sueño sea una llamada de atención para arreglar ciertos asuntos que le preocupan. Por otro lado, el no sentir ningún miedo durante el sueño es significativo de que superará sus problemas sin ninguna dificultad. Este tipo de sueño es de los más habituales.

2. Sueño: ....

Es el momento de que empiece a buscar su lugar en el mundo, aunque al parecer no está dispuesto a abandonar elementos de su pasado que le impiden alcanzar su objetivo. Dado que logra escapar del perseguidor está usted casi libre y preparada para enfrentarse a su nueva vida.

3. Sueño: ....

2.4.2. Escribe ahora un sueño que recuerdes y escribe todos los detalles posibles.

2.5. Clasifica estas expresiones según se usen para expresar extrañeza, sorpresa o escepticismo.

> ¡Qué cosa tan rara! ■ Si tú lo dices... ■ ¡Anda!, pero, ¿qué dices? ■ ¡Quéee!
> Es alucinante ■ ¡Qué raro! ■ ¡Venga ya! ■ No me lo imaginaba ■ ¡Ya, claro!

Expresar sorpresa	Expresar extrañeza	Mostrar escepticismo

2.6. Lee el texto de la página siguiente y realiza las actividades.

2.6.1. Escribe las palabras del cuadro en los espacios en blanco.

> Una estrella de la música ■ Ver las cosas de otro color ■ Contra la obesidad
> Ni más ni menos ■ Más guapos ■ Memoria y creatividad ■ Siesta para el corazón

2.6.2. Di si las siguientes afirmaciones son verdaderas o falsas, según tu opinión.

Antes de leer			Después de leer	
V	F		V	F
○	○	**1.** Dormir perjudica a nuestra memoria y dificulta la selección de la información que recordamos.	○	○
○	○	**2.** Las personas que duermen bien tienen mejor aspecto que las personas que duermen mal.	○	○
○	○	**3.** Al dormir y reponer fuerzas estamos más capacitados para aprender tareas que requieren de un esfuerzo y repetición.	○	○
○	○	**4.** Dormir menos de 6-8 horas es perjudicial para la salud.	○	○
○	○	**5.** Dormir más de 9 horas no es beneficioso para la salud.	○	○
○	○	**6.** Nathaniel Watson demostró que dormir más horas de lo necesario engorda.	○	○
○	○	**7.** Los problemas cardiovasculares y de hipertensión aumentan al dormir la siesta.	○	○
○	○	**8.** Cuando dormimos poco vemos los colores de manera diferente a como son en realidad.	○	○
○	○	**9.** La percepción que tenemos de los colores es la misma durante todo el día.	○	○

Los beneficios de dormir bien

1. .... Dormir ayuda a consolidar los recuerdos, pero también a reorganizar la información y a extraer los datos más relevantes, según un estudio reciente de la Universidad de Notre Dame (EE. UU.). De acuerdo con los autores, el sueño favorece que produzcamos ideas nuevas y más creativas.

2. .... Dormir bien es un eficaz tratamiento de belleza según un estudio publicado en la revista *British Medical Journal*. Sus autores, del Instituto Karolinska de Estocolmo (Suecia), demostraron que las personas que han dormido bien durante la noche resultan más atractivas y más saludables que las personas que han estado privadas de sueño.

3. .... Un estudio realizado en la Universidad de Ontario (Canadá) demostró el año pasado que, después de una noche de sueño reparador, una persona mejora su habilidad en el aprendizaje de tareas motoras complejas como las que se necesitan para jugar al popular videojuego *Guitar Hero III*. Concretamente, el número de notas musicales aprendidas aumenta hasta un 7% si descansamos.

4. .... Dormir menos de 6-8 horas puede ser nefasto para la salud, según revela un reciente estudio publicado en la revista *Sleep*, que ha estimado que reducir el descanso nocturno aumenta en 12% el riesgo de muerte prematura. Dormir 9 o más horas al día no perjudica la salud, pero suele ser un indicador de alguna enfermedad seria, sugieren los autores. Por su parte, científicos de la Universidad de California, en San Diego (EE. UU.), han demostrado que el secreto de una vida larga para las mujeres es dormir 6,5 horas.

5. .... El descanso nocturno afecta al peso y al Índice de Masa Corporal (IMC), como demostró Nathaniel Watson, del Instituto del Sueño de la Universidad de Washington (EE. UU.) en estudios con gemelos. Concretamente, dormir más de la cuenta puede aumentar en 0,2 el IMC, mientras la falta de sueño lo aumenta hasta 1,4, favoreciendo la obesidad y el sobrepeso.

6. .... Dormir 45 minutos durante el día puede tener beneficios para el sistema cardiovascular, según demostraron investigadores estadounidenses en un estudio publicado en la revista *International Journal of Behavioral Medicine*. Concretamente, los experimentos demostraron que la presión arterial se mantiene más baja si dormimos siesta frente a si no lo hacemos, especialmente cuando los sujetos se someten a estrés psicológico, y que los problemas de hipertensión se reducen.

7. .... Un reciente estudio estadounidense revela que, después de dormir una media de 7,7 horas, vemos los colores que nos rodean tal como son. Sin embargo, a medida que avanza el día y aumentan las horas de vigilia, nuestra percepción de los colores cambia, y percibimos el gris neutro como ligeramente verdoso o ligeramente rosado, en función de la persona y su estado de ánimo.

Adaptado de la revista *Muy interesante*.

2.7. Escucha la descripción de estos cuadros e identifícalos con cada imagen. Hay uno del que no se habla, ¿cuál es?

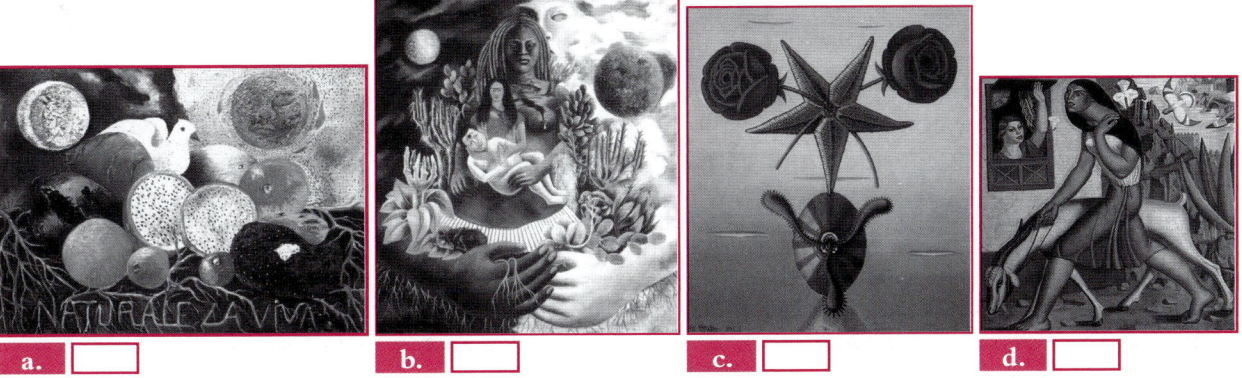

a. [ ]   b. [ ]   c. [ ]   d. [ ]

2.7.1. Vuelve a escuchar la grabación anterior y contesta a las siguientes preguntas.

1. ¿De dónde era Maruja Mallo?

....

2. ¿Qué está representado en el cuadro Naturaleza Viva de Maruja Mallo?

....

3. ¿Por qué no se consideraba surrealista Frida Kahlo?

....

4. ¿Dónde tenía Frida normalmente las frutas que aparecen en su cuadro?

....

5. ¿Qué representa la mujer de la cabra en el cuadro de Maruja Mallo?

....

2.7.2. Lee y completa la descripción del cuadro del que no se habla en el audio.

Este cuadro de Frida Kahlo pintado en 1949 y titulado *El Abrazo de Amor del Universo, la Tierra (México), Yo, Diego y el Señor Xólotl* destaca por la armonía y ternura que desprenden los diferentes elementos que componen el cuadro... ....

....

....

....

....

....

....

....

Y tú, ¿cómo te diviertes?

3.1. Escribe la palabra a la que hace referencia cada imagen.

5. T _ _ _ _ _ _
_ _
_ _ _ _ _ _ Ñ _

3. _ _ _ G _ _
_ _ _ _ F _ _ _ _ L _ _

1. _ _ S _ _ _ _ A

2. _ _ _ L U _ _

4. _ _ ET _ _ _ D _

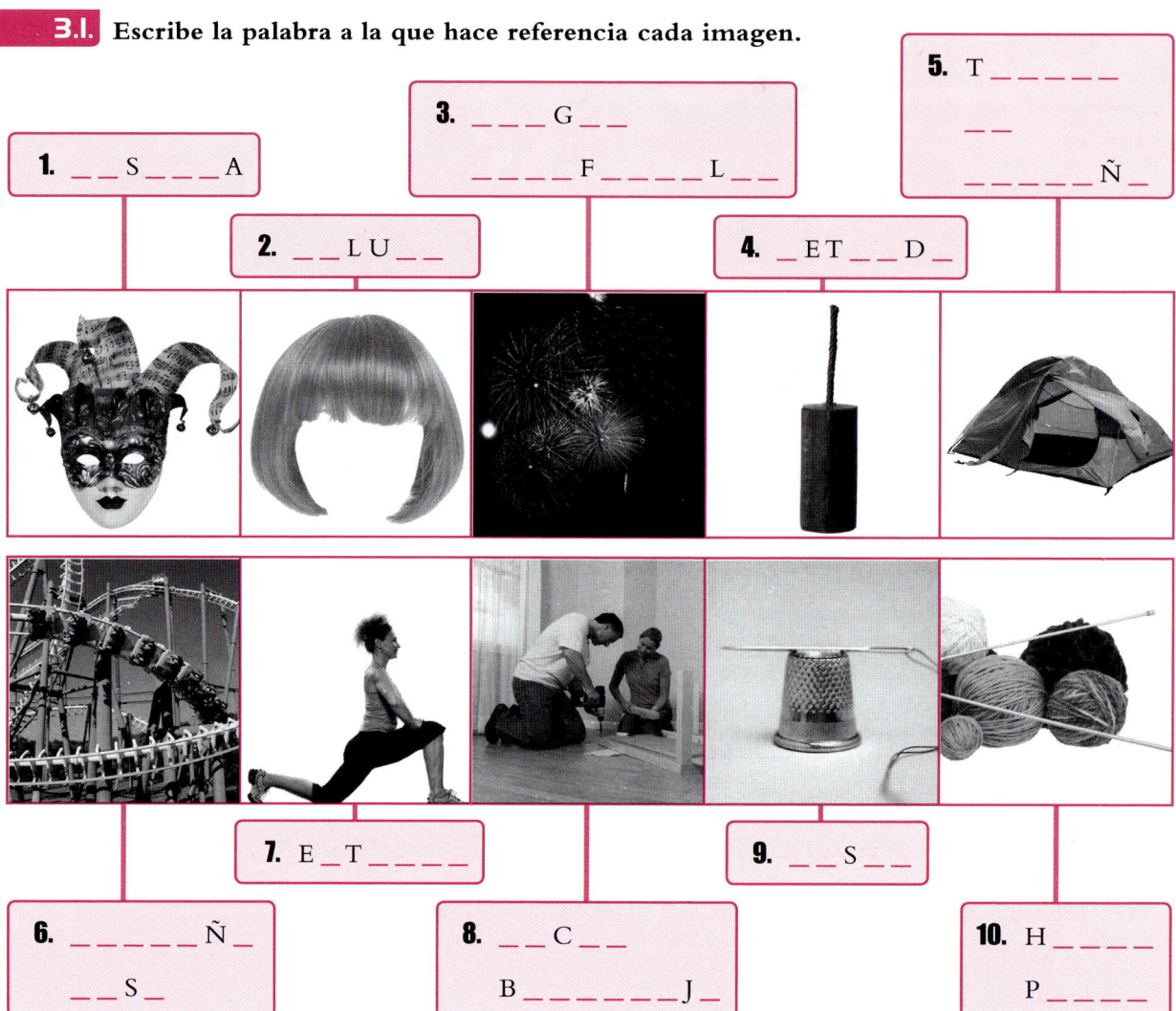

7. E _ T _ _ _ _ _

9. _ _ S _ _

6. _ _ _ _ _ _ _ Ñ _
_ _ S _

8. _ _ _ C _ _ _
B _ _ _ _ _ _ _ J _

10. H _ _ _ _ _
P _ _ _ _

3.1.1. Relaciona las palabras con su definición correspondiente.

1. adrenalina .... •
2. traca .... •
3. esquivar .... •
4. acampar .... •
5. calentar .... •
6. estallar .... •
7. disfrazarse .... •
8. barajar .... •
9. coches de choque ..... •
10. vértigo .... •

• **a.** Ponerse ropa o máscaras normalmente para no ser reconocido.
• **b.** Atracción de feria que consiste en golpear violentamente unos coches con otros.
• **c.** Permanecer en el campo normalmente alojándose en tiendas de campaña.
• **d.** Tipo de hormona que se segrega cuando hay una situación de peligro.
• **e.** Explotar.
• **f.** Mezclar unas cartas con otras antes de repartirlas.
• **g.** Mover los músculos del cuerpo antes de empezar a hacer cualquier tipo de ejercicio.
• **h.** Serie de petardos que se colocan en una cuerda y estallan sucesivamente.
• **i.** Sensación de inseguridad y miedo a caerse desde una altura.
• **j.** Evitar un objeto o una persona.

Completa los siguientes textos con las palabras necesarias de las actividades anteriores.

En la semana de las Fallas de Valencia el cielo se llena de .... **(1)** , hay un ruido ensordecedor por las calles, todo el mundo tira .... **(2)**, y se termina con la .... **(3)** final.

Antes de empezar a hacer cualquier deporte es conveniente .... **(4)** un poco y .... **(5)** los músculos para así poder prevenir posibles esguinces.

Cuando me disfrazo me encanta ponerme .... **(6)** venecianas, me parecen preciosas y además la gente no te reconoce con facilidad.

Recuerdo la primera y última vez que monté en una .... **(7)**, lo pasé fatal porque tengo .... **(8)**, me mareé y acabé vomitando.

A mi padre le encanta .... **(9)**, así que le he pedido que me haga una estantería para mi habitación y está encantado.

En los últimos carnavales me puse una .... **(10)** rubia y unas gafas de sol, y al principio, nadie me reconocía.

Mi abuela me enseñó a .... **(11)** cuando era pequeña y, cuando quiero relajarme, me hago jerséis, bufandas, gorros y más cosas de lana.

Todo el mundo dice que cuando haces *puenting* sueltas muchísima .... **(12)** y tienes una sensación de libertad increíble.

Me encanta ver cómo .... **(13)** los magos, parece como si las cartas bailaran, o como si fueran una especie de acordeón.

3.2. **Marca la frase que no corresponde a cada grupo.**

1. Pedir confirmación.
- a. ¿Es cierto que en tu país la alianza de casado se lleva en la mano izquierda? En España lo llevamos en la mano derecha.
- b. Es verdad lo que dices, pero tienes que justificarlo.
- c. ¿Quieres decir que lo que me han dicho no es una broma? No me lo creo.

2. Corregir información.
- a. No es que no me guste lo que dices, pero creo que se puede decir de otra manera más educada.
- b. No es exactamente eso lo que te dije, es que creo que a lo mejor no me expliqué bien y por eso lo entendiste mal.
- c. ¿No es cierto que tú me lo dijiste?

3. Enfatizar la información.
- a. ¿Cómo puedes pensar eso? Yo nunca haría nada que pudiera hacerte daño.
- b. Con lo poco que me gustan las despedidas y aquí estoy, en el aeropuerto.
- c. Con lo duro que es aprender un idioma cuando ya no eres tan joven, preferiría ir más despacio.

4. Cuestionar información.
- a. ► He aprobado el examen final.
   ▷ ¡Enhorabuena!
- b. ► ¿Recuerdas que te dije que había solicitado una beca? Pues me la han dado.
   ▷ ¿De verdad? ¡Qué raro!
- c. ► Me voy a vivir un año fuera de España.
   ▷ ¿En serio?

3.3. Relaciona las dos columnas para completar las frases.

1. ¿Qué tienes pensado

2. Oye, ¿y si

3. ¿Te apetece que

4. Vale, pero con la condición de que

5. ¿Tienes en mente algo

6. ¿Te apetecería que

7. Vale, siempre que

a. vamos al cine esta noche?

b. no veamos una película de acción, que sabes que no las soporto.

c. para el fin de semana?

d. hacer mañana por la tarde?

e. visitáramos a mi familia el viernes?

f. vayamos en avión porque no me apetece conducir ocho horas.

g. comamos en el restaurante que nos han recomendado?

1. .... ; 2. .... ; 3. .... ; 4. .... ; 5. .... ; 6. .... ; 7. ....

3.3.1. Escribe el número de las frases de la actividad anterior en el apartado correspondiente.

1. Preguntar por los planes de otras personas: ....
2. Proponer planes: ....
3. Aceptar los planes con condiciones: ....

3.4. Completa las siguientes frases con el tiempo verbal adecuado utilizando los verbos del cuadro.

cenar ■ salir ■ ir (2) ■ quedar ■ hacer ■ ver

1. ► ¿Y si .... (*nosotros*) al teatro?
   ▷ Vale, siempre que .... una obra divertida.

2. ¿Te apetece que .... (*nosotros*) esta noche de copas?

3. ► ¿Y si .... (*nosotros*) para ver la exposición del impresionismo?
   ▷ Vale, a condición de que .... por la mañana.

4. Estoy pensando en .... una fiesta el próximo fin de semana con un grupo pequeño de amigos en mi casa.

5. ¿Os apetecería que .... fuera mañana por la noche?

3.5. Completa las frases con los verbos correspondientes del cuadro en el tiempo verbal necesario.

tener ■ ser ■ parecer ■ saber ■ estar ■ dar

1. Me gustaría conocer a una persona que .... los mismos intereses que yo para poder quedar los fines de semana.

2. Querría reservar una habitación doble que .... a la piscina del hotel y que .... en los últimos pisos.

3. ¿Por qué no me recomiendas una película que te .... muy buena?

4. ¿Te gustaría vivir con una persona que .... muy ordenada?

5. Me dijeron que necesitan a alguien que .... hablar inglés y francés perfectamente para solicitar el puesto vacante.

3.6. **Marca la preposición correcta.**

1. El hombre **por/de/con** el que me viste el otro día en el restaurante era mi novio.

2. Los pueblos **por/a/con** los que pasé en tren cuando fui a Toledo me encantaron.

3. La profesora **de/a/con** la que estaba hablando me dijo que tenía que repetir el ejercicio.

4. El espectáculo **por/del/al** que te hablé llevaba en cartelera más de dos meses y lo quitaron ayer, así que no podemos ir a verlo.

5. El chico **al/del/con** que saludaste antes en la calle, ¿de qué lo conoces?

3.7. **Marca el final de la frase que no tenga sentido con el principio.**

1. Busco un piso que
- ○ **a.** tiene mucha luz pero todavía no he encontrado ninguno.
- ○ **b.** tenga mucha luz y me han hablado de uno muy barato.
- ○ **c.** tenga mucha luz y que sea muy grande.

2. Me gustaría cenar en la mesa que
- ○ **a.** estaba cerca de la ventana, en la que cenamos el otro día,
- ○ **b.** es redonda, ¿hay alguna en el restaurante?
- ○ **c.** estuviera más cerca de la ventana.

3. Voy a hacer lo que tú digas,
- ○ **a.** aunque no estoy muy de acuerdo.
- ○ **b.** y no me importan las consecuencias.
- ○ **c.** y cuando tú quieras.

4. Necesito una lavadora que
- ○ **a.** sea barata y que ocupe poco espacio.
- ○ **b.** sea barata y que no malgaste agua.
- ○ **c.** sea barata; la que vi el otro día me gustó.

5. Quiero encontrar un trabajo
- ○ **a.** en el que pueda aprender cosas nuevas.
- ○ **b.** que me permite pasar más tiempo con mis hijos.
- ○ **c.** que esté cerca de mi casa.

3.8. **Subraya la opción correcta.**

1. ► ¿Dónde prefieres ir, al cine o al teatro?
   ▷ Me da igual, donde tú **prefieres/prefieras**.

2. Creo que deberíamos hacerlo como **dice/diga** Juan, además a mí me parece una buena opción.

3. El chico que **lleva/lleve** los pantalones rojos es muy simpático.

4. Voy a trabajar en el restaurante de mi padre para poder comprarme el coche que **quiero/quiera**, el que vi el otro día en el concesionario.

5. ► ¿Con quién prefieres compartir la habitación?
   ▷ No me importa demasiado, pero prefiero con uno que no **ronca/ronque**.

6. ► ¿En qué restaurante prefieres cenar?
   ▷ En el que **está/esté** cerca de casa y así podemos ir andando.

3.9. **Relaciona las definiciones con los espacios en blanco del texto y escribe la palabra definida.**

1. Deporte practicado en la bicicleta.

2. Publicación periódica con escritos sobre una o varias materias.

3. Salidas cortas al campo o a otras ciudades.

4. De lunes a viernes.

5. Deporte que se practica en una piscina o en el mar.

6. Pasar el tiempo en el ordenador.

El ocio en hombres y mujeres

La importancia dada al tiempo de ocio ha crecido en los últimos años especialmente entre las mujeres, aunque, según diferentes estudios, las mujeres siguen teniendo menos tiempo libre que los hombres.

En los **a.** .... lo más habitual para la mujeres en el tiempo libre es ver la tele, seguido de salir a la calle y pasar tiempo con la familia, mientras que los hombres prefieren hacer deporte y **b.** ....

Por el contrario, en el fin de semana, las actividades que se realizan dentro del hogar pierden protagonismo tanto para hombres como para mujeres a favor de actividades más sociales o que se desarrollan fuera del hogar como estar con los amigos, ir a bares o hacer deporte y **c.** ....

Los hombres, en general, practican más deporte que las mujeres, un cincuenta y nueve por ciento de los hombres frente a un cuarenta y seis por ciento en las mujeres. Los deportes más practicados por los hombres son el **d.** ...., correr y jugar al fútbol, en cambio, las mujeres prefieren **e.** .... y hacer gimnasia o aeróbic.

Los hombres leen más que las mujeres pero las razones para leer son diferentes; los hombres leen para mantenerse informados y por esta razón consumen más periódicos, en cambio, las mujeres leen para entretenerse y por esa razón leen más libros y **f.** ....

3.10. **Marca la opción correcta, según tu opinión, acerca de la vida y obra de Mario Vargas Llosa.**

1. ¿En que año nació Mario Vargas Llosa?
- **a.** En 1925.
- **b.** En 1936.
- **c.** En 1947.

2. Nació en Perú, pero también tiene nacionalidad:
- **a.** inglesa.
- **b.** española.
- **c.** argentina.

3. ¿Cuál es el último premio que ha recibido?
- **a.** Premio Nobel.
- **b.** Premio Cervantes.
- **c.** Premio Príncipe de Asturias.

4. ¿Fue candidato de un partido político de Perú?
- **a.** Sí.
- **b.** No.

5. ¿Cuál de estos títulos no pertenece al autor?
- **a.** *Conversación en la catedral.*
- **b.** *La fiesta del Chivo.*
- **c.** *Cien años de soledad.*

6. ¿Cuál de estos libros es el más reciente?
- **a.** *La ciudad y los perros.*
- **b.** *Pantaleón y las visitadoras.*
- **c.** *El sueño del celta.*

7. ¿Quién es uno de sus autores preferidos?
- **a.** Gabriel García **Márqu**ez.
- **b.** Gustave Flaubert.
- **c.** Federico García Lorca.

8. ¿De quién es *Cien años de soledad*?
- **a.** De Vargas Llosa.
- **b.** De Juan Martorell.
- **c.** De García Márquez.

[13]

3.11. Tablero de mesa de repaso. Haz lo que se indica en cada una de las casillas.

1. Escribe la preposición necesaria:
La ciudad .... la que pasa el Sena es París.

2. Verdadero o falso.
Cuando queremos expresar que un plan no es definitivo se puede utilizar: *Había pensado…*

3. ¿Con qué otra expresión se puede expresar condición además de *con siempre que*?

6. ¿Cómo se dice en español?

5. En las frases relativas para identificar personas, cosas, etc., ¿se puede suprimir el antecedente porque es innecesario?

4. ¿Qué tiempo se utiliza para proponer un plan cuando no estamos seguros de que se vaya a aceptar?
O **a.** Presente de subjuntivo.
O **b.** Imperfecto de subjuntivo.

7. Completa la frase.
¿Qué tipo de ocio .... (elegir) una persona que .... (odiar) dejar sin hacer las cosas?

8. Verdadero/falso.
Cuando utilizamos las frases relativas para definir personas, cosas, etc., el verbo va en *presente de subjuntivo*.

9. *¿Es verdad que…?* se usa para:
O **a.** enfatizar información.
O **b.** pedir confirmación.
O **c.** corregir información.

12. ¿Quién ha escrito *La fiesta del Chivo*?

11. *A condición de que* va seguido de presente de ....

10. ¿Cómo se llama el pelo artificial o falso?

13. Completa.
a. *¿Te apetece que +* ....?
b. *¿Te apetecería que +* ....?

14. *Tiene pinta de…*, *Me parece que…* se utilizan para hablar de la ....

15. Escribe el adjetivo contrario de *callado*:
....

18. Correcto o incorrecto.
¿Te gustaría que vayamos al cine?

17. ¿En qué año nació Vargas Llosa?

16. ¿Cómo se llama en español?

19. Completa.
Para corregir información podemos usar la estructura:
No es que no + ...

20. Propón un plan a un compañero que has conocido en la clase de español hace una semana.

21. Escribe el contrario de *pelo liso*.
....

24. Escribe tres adjetivos vistos en la unidad que sean invariables en género.

23. Escribe el contrario de *ocio tranquilo*.

22. Escribe una frase que se use para enfatizar una información.

Y tú, ¿cómo vives?

4.1. **Relaciona la definición con la parte del cuerpo correspondiente.**

1. frente .... •
2. mejilla .... •
3. barbilla .... •
4. ceja .... •
5. pestaña .... •
6. cerebro .... •
7. hígado .... •
8. riñón .... •
9. intestino .... •
10. esqueleto .... •
11. columna .... •
12. costilla .... •
13. articulación .... •
14. nervio .... •
15. arteria .... •
16. tendón .... •
17. uña .... •

• **a.** Parte cubierta de pelo que se encuentra encima del ojo.
• **b.** Conjunto de huesos unidos entre sí que dan consistencia al cuerpo humano.
• **c.** Cada uno de los huesos que nacen en el espinazo y van hacia el pecho.
• **d.** Cada uno de los vasos que llevan la sangre desde el corazón a otra parte del cuerpo.
• **e.** Unión de un hueso con otro.
• **f.** Parte superior de la cara que se encuentra encima de los ojos.
• **g.** Eje del esqueleto que se encuentra en la parte posterior del cuerpo humano.
• **h.** Conjunto de fibras que conduce impulsos entre el sistema nervioso central y otras partes del cuerpo.
• **i.** Zona que ocupa la parte anterior y superior del cráneo.
• **j.** Cada una de las dos elevaciones que se encuentran en el rostro debajo de los ojos.
• **k.** Órgano que une los músculos a los huesos.
• **l.** Víscera que se encuentra en la parte anterior y derecha del abdomen.
• **m.** Parte del aparato digestivo que se encuentra situado debajo del estómago.
• **n.** Parte de la cara que está debajo de la boca.
• **ñ.** Parte dura del cuerpo que nace y crece en las extremidades de los dedos.
• **o** Glándula que segrega la orina y que se encuentra a uno y otro lado de la columna vertebral.
• **p.** Pelos que se encuentran en la parte inferior de los párpados para proteger los ojos.

4.2. **Escribe el órgano del cuerpo a que se refieren las siguientes imágenes.**

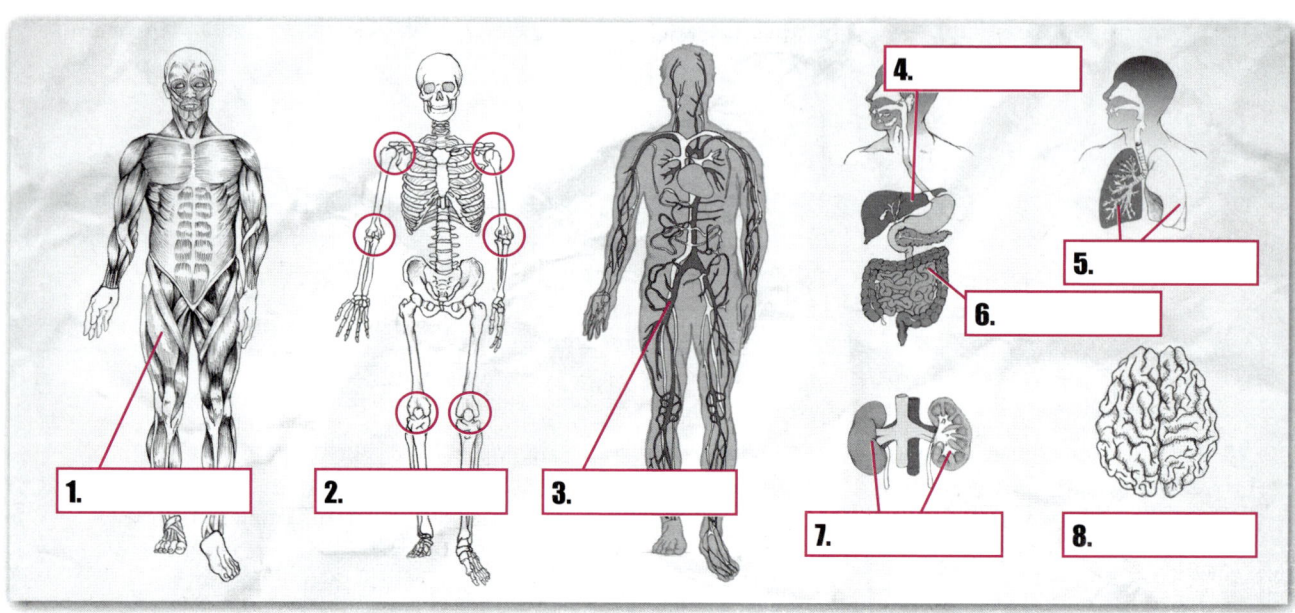

1. 　　2. 　　3. 　　4. 　　5. 　　6. 　　7. 　　8.

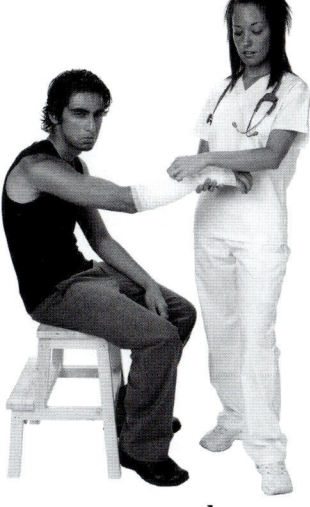

4.2.1. Escribe los problemas de salud que se relacionan con las partes del cuerpo de la actividad anterior.

1. M _ _ C _ _ _ R _ S
2. _ _ T _ C _ _ _ T _ _ _ _ _
3. _ I _ C _ L _ _ _ _ _ _ _ _
4. _ _ P Á _ _ _ _ _ _
5. _ U _ M _ _ _ R _ _
6. I _ _ E _ _ _ _ _ _ E _
7. _ E _ _ L _ _
8. _ _ _ _ E B _ _ L _ _

4.3. Marca la palabra que no es correcta en cada una de las series para expresar estados físicos y anímicos.

1. Encontrarse
- ○ **a.** agotado/a
- ○ **b.** helado.
- ○ **c.** mal.

2. Estar
- ○ **a.** mucho frío.
- ○ **b.** sediento.
- ○ **c.** helado.

3. Sentar mal
- ○ **a.** la comida.
- ○ **b.** el alcohol.
- ○ **c.** el apetito.

4. Tener
- ○ **a.** un sueño espantoso.
- ○ **b.** agotado.
- ○ **c.** mucho frío.

4.4. Escucha y ordena los significados de las expresiones que oigas.

[14]

1. Estar muy cansado. .... ☐
2. Estar mal anímicamente. .... ☐
3. Tener mucho calor. .... ☐
4. Tener mucha hambre. .... ☐
5. Tener muy buena salud. ..... ☐
6. Tener mucho frío. .... ☐

4.5. Completa las frases con las expresiones coloquiales necesarias.

> estoy hecho/a polvo ■ estoy mejor que nunca ■ estoy que me caigo
> estoy congelado/a ■ estoy seco/a

1. Hoy he tenido un día horrible, he trabajado muchísimas horas y además ayer dormí fatal, ...

2. Oye, ¿por qué no vamos a beber algo? ....

3. ¿No puedes bajar un poquito el aire acondicionado? Es que ....

4. Estoy en plena forma: todos los días hago ejercicio, me encuentro fenomenal y la gente me quita años, ...

5. Hoy me he enterado de que van a operar a mi madre de un bulto así que ....

4.6. Relaciona la situación con la expresión correspondiente.

1. Subirse a la chepa.
2. No tener dos dedos de frente.
3. Dar la espalda a alguien.
4. Echar algo en cara.
5. Buscar tres pies al gato.
6. Costar un riñón.
7. Estar atado de pies y manos.
8. No tener ni pies ni cabeza.
9. Echar un ojo a algo.
10. Hacer de tripas corazón.
11. Ser uña y carne.
12. Tener una corazonada.

Etapa 10. Nivel B2.1

a. Creo que voy a decirle a mi compañero de trabajo lo que llevo pensando bastante tiempo porque en los últimos proyectos el único que trabaja soy yo.

b. Me he dado un capricho y me he comprado el anillo que vi en esa joyería tan exclusiva.

c. Claro que me he enterado de lo que ha hecho mi hija, pero es una adolescente y lo tendré que olvidar, no puedo hacer nada.

d. No tiene ningún sentido lo que están haciendo, tú crees que es lógico pero realmente no lo es.

e. ¿Vas a estar aquí un rato? Es que voy a bajar un momento y tengo aquí el bolso.

f. Nunca compro lotería, pero hoy lo he hecho porque esta vez estoy casi segura de que me va a tocar.

g. ► No sé qué hacer con mis hijos, todo el tiempo me piden regalos, no me hacen caso.
　　▷ Normal, les das todo lo que te piden y claro…

h. ► ¿Te has enterado de lo último que ha hecho el presidente de la empresa?
　　▷ Sí, y luego la gente se extraña de que digan de él que no es muy inteligente.

i. No me lo puedo creer, es la primera discusión fuerte que tengo con Juan y llevo siendo su amigo más de veinte años. Pero estoy segura de que todo se va a solucionar.

j. El otro día le presté dinero a un amigo pero cuando luego yo le pedí un favor él no me lo hizo, estoy enfadado con él.

k. No entiendo que me pidas ese favor porque sabes cuál es mi situación y sabes que no puedo hacértelo aunque quisiera.

l. ► ¿No crees que es un poco extraño lo que me ha dicho mi novio?
　　▷ Realmente no, no te preocupes, le estás dando demasiada importancia a algo que no la tiene.

| **1.** ……… | **3.** ……… | **5.** ……… | **7.** ……… | **9.** ……… | **11.** ……… |
| **2.** ……… | **4.** ……… | **6.** ……… | **8.** ……… | **10.** ……… | **12.** ……… |

4.7. **Ordena las letras y encontrarás las palabras que se definen a continuación.**

1. Contrario de engordar. 　　　　　　　　　　　　Z A G E D A L R A 　……………………

2. Sensación incómoda que se produce por ejemplo cuando tienes alergia a un alimento, un material. 　　I R P O E S C 　……………………

3. Dolor de cabeza. 　　　　　　　　　　　　　　　C E L A F E A 　……………………

4. Trastorno psíquico que se caracteriza por la pérdida de apetito. 　　　　　　　　　　　　　　　　I N O X A R E A 　……………………

5. Dolor localizado en el intestino que suele caracterizarse por vómitos y sudores. 　　　　　　　　　　L I C O C Ó 　……………………

6. Lesión que destruye tejidos de la piel. 　　　　　L Ú C R A E 　……………………

4.8. **Marca las afirmaciones que son verdaderas.**

1. *Como* es un nexo causal que va al principio de la oración. ………………………………… ○

2. *Debido a* va seguido de subjuntivo. ……………………………………………………………… ○

3. *No porque* va seguido de subjuntivo. …………………………………………………………… ○

4. *A causa de* va seguido de indicativo. …………………………………………………………… ○

4.9. **Escribe la forma adecuada del verbo entre paréntesis.**

1. Como a lo largo de su vida .... *(tomar)* mucha grasa, ahora tiene colesterol.

2. Dado que le .... *(obsesionar)* las calorías, empezó a comer alimentos bajos en grasa y acabó en el hospital con anorexia.

3. Pedro es obeso no porque .... *(comer, él)* mucho, sino porque no .... *(comer, él)* bien.

4. ► Jaime tiene varias úlceras a causa del estrés tan grande que le produce su trabajo.

▷ Sí, es verdad, como se lo .... *(tomar, él)* todo a pecho, siempre sufre.

5. Quiero dejar de comer grasas no porque no .... *(gustar, a mí)*, sino porque .... *(sentarme, las grasas)* mal al estómago.

6. Tienes que dejar de fumar no porque .... *(ser)* perjudicial para ti, sino porque .... *(molestar, a mí)*.

4.10. **Completa los siguientes textos con las palabras que aparecen en el cuadro.**

> nutriente ■ calorías ■ miga de pan ■ perjudiciales ■ saciarme ■ aporte de fibra
> sin conservantes ni colorantes ■ acalórico ■ alto contenido en grasa

¿Por qué a los niños les gusta tanto la .... **(1)**? Mis hijos siempre hacen un agujero en la barra y se comen la parte central, así que a mí solo me queda la corteza.

Actualmente podemos encontrar en los supermercados muchos alimentos .... **(2)**, pero ¿será cierto eso que dice en sus envases? ¿Por qué entonces no se dejan de poner esas sustancias .... **(3)** en todos los alimentos, o al menos, en los menos perecederos?

Los platos de cuchara y los guisos que tomaban nuestros abuelos tenían un .... **(4)**, sin embargo la gente no estaba gorda porque quemaba todas las .... **(5)** que tomaba.

¿Tomando pan integral para desayunar y en las comidas tendré cubierto el .... **(6)** diario?

¿Alguien sabe si las tortitas de arroz o maíz son un alimento .... **(7)**? No me puedo creer que no tengan alguna caloría.

Estoy a régimen y me muero de hambre. ¿Alguien puede decirme qué puedo hacer para .... **(8)** rápidamente? ¿Qué puedo tomar?

Los médicos dicen que el aceite de oliva es un .... **(9)** esencial en la dieta mediterránea y que es altamente saludable.

4.11. **Relaciona cada dibujo con su definición, y escribe el nombre de los alimentos a los que se refieren.**

1. Tipo de pescado abundante en grasa. ....

2. Partes del fruto que dan origen a una nueva planta. ....

3. Pequeños trozos de alimentos que se mezclan con las sopas o las legumbres. ....

4. Bolas de carne. ...... *a. albóndigas.*

5. Tipo de pescado de color rosa sometido al humo. ....

6. Salsa blanca que se hace con harina, leche y mantequilla. ....

7. Mezcla de diferentes tipos de frutas. ....

8. Alimento que no ha sido cocinado. ....

9. Trozos pequeños de pan tostado o frito. ....

10. Materia líquida o transparente que rodea la yema del huevo. ....

11. Sustancia amarillenta y dulce que producen las abejas. ....

12. Pasta cocida y triturada que se hace de legumbres y otros alimentos. ....

4.12. **Clasifica las siguientes frases en avisos o consejos.**

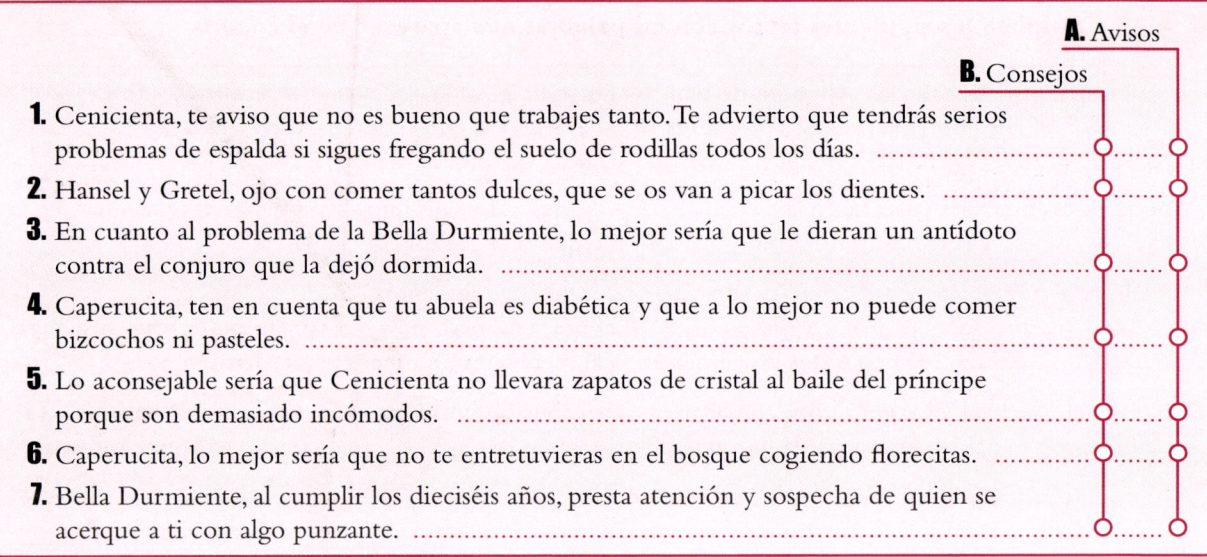

A. Avisos

B. Consejos

1. Cenicienta, te aviso que no es bueno que trabajes tanto. Te advierto que tendrás serios problemas de espalda si sigues fregando el suelo de rodillas todos los días. ....

2. Hansel y Gretel, ojo con comer tantos dulces, que se os van a picar los dientes. ....

3. En cuanto al problema de la Bella Durmiente, lo mejor sería que le dieran un antídoto contra el conjuro que la dejó dormida. ....

4. Caperucita, ten en cuenta que tu abuela es diabética y que a lo mejor no puede comer bizcochos ni pasteles. ....

5. Lo aconsejable sería que Cenicienta no llevara zapatos de cristal al baile del príncipe porque son demasiado incómodos. ....

6. Caperucita, lo mejor sería que no te entretuvieras en el bosque cogiendo florecitas. ....

7. Bella Durmiente, al cumplir los dieciséis años, presta atención y sospecha de quien se acerque a ti con algo punzante. ....

4.13. **Escribe frases con las pautas que te damos.**

1. Seguir comiendo así/padecer obesidad mórbida en breve.
Como ....

2. Caminar dos o tres horas al día a paso firme.
Para la diabetes lo mejor sería que ....

3. Tu cuerpo necesita gran cantidad de calcio en la infancia y en la vejez.
Te aviso que ....

4. Un médico se dirige a su paciente: Si no dejar de fumar/poder padecer cáncer de garganta.
Le advierto que ....

5. Para la úlcera no son buenas las comidas fuertes.
Tenga en cuenta que ....

6. Se puede evitar el infarto haciendo ejercicio, comiendo de forma saludable y controlando nuestras emociones.
Para prevenir enfermedades cardiovasculares, lo aconsejable sería que ....
....

7. No todos los aceites vegetales son buenos.
¡Ojo con .... !

8. Hay que estar muy atento al propio cuerpo y ante los primeros síntomas de estrés (cansancio crónico, tristeza, irritación, falta de sueño) ir inmediatamente al médico.
Presta atención a ....
....